Hablo
español.

'제2외국어 단어장 선택의 절대기준!'

제2외국어 전공 교수님들이 말하는 '좋은 단어장 선택 요령!' (이런 단어장은 절대 피하세요!)

1. 먼저 목차를 비교하십시오!

단지 단어에서 끝나는 단어장은 '부담'만 남습니다!

단어를 주제별로만 정리해 놓은 단어장은
끝까지 읽어나가는 것 자체가 어렵습니다.

단어를 통해서 문장이 보이고, 문법이 만져지고
그리고 언어가 느껴져야 합니다.

하나의 단어가 가지는 가치에 대한 이해와 납득이
단어학습의 성취효과를 극대화할 수 있습니다!

2. 품사별로도 정리되어 있는지 보십시오!

배려 없는 구성의 사전식 단어장은 '스트레스'입니다!

'단어장이라고 단어만 나열해 놓으면 어쩌란 말입니까?'

가장 먼저 필요한 단어가 무엇이고,
단어를 활용할 수 있는 최소한의 문법은 무엇이고,
당장 단어만으로도 외국어를 말할 수 있는 장치와 구성이 없다면,
이것이야말로 '배려를 무시한 무정한 단어장'입니다.

The vocabularies, the most frequently used words will **be with you!**

외국어 첫걸음 학습자를 위한 완전히 새로운 단어 학습법!

국가대표 스페인어 단어정복자

START LEARNING WORDS WITH THE POWERFUL METHODS!

The vocabularies, the most frequently used words will **be with you!**

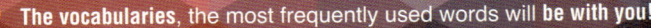

국가대표 스페인어 단어정복자

저자_ 김수진

1판 1쇄 인쇄_ 2015. 11. 25.
1판 1쇄 발행_ 2015. 11. 30.

발행처_ 북커스베르겐
발행인_ 신은영

등록번호_ 제313-2009-217호
등록일자_ 2009. 10. 6.

주소_ 경기도 고양시 일산동구 무궁화로 11 한라밀라트 B동 215호
전화_ 02) 722-6826 팩스_ 031) 911-6486

값은 표지에 있습니다.
ISBN 978-89-97343-15-7 (13770)

「이 도서의 국립중앙도서관 출판시도서목록(CIP)은 서지정보유통지원시스템 홈페이지
(http://seoji.nl.go.kr)와 국가자료공동목록시스템(http://www.nl.go.kr/kolisnet)에서
이용하실 수 있습니다. (CIP제어번호: CIP2015030900)」

이메일_ bookersbg@naver.com

북커스베르겐은 **옥당**의 외국어 출판브랜드입니다.

3. 예문이 쉬운지 확인하십시오!

예문이 불친절한 단어장, 그냥 '지뢰밭'입니다!

기초 수준 이상의 '예문'은 학습자를 당혹하게 만듭니다.
배우지도 않은 문법의 예문이 곳곳에 깔려 있는 단어장은
학습자의 학습 진행을 막는 발목지뢰입니다.

**고개가 저절로 끄덕여지는 단어장,
단어에서 문장으로 그리고
회화까지 만만해 보이기 시작하면,
여러분의 다국어 단어학습,
제대로 진행되고 있다는 뜻입니다!**

It's a completely new way to **learn foreign language vocabulary** fast and easy.

{ '국가대표 제2외국어 단어정복자'의 진심! }

Conquer them all!

당어장이라고 무턱대고 단어만 주르륵 나열해 놓은 불친절한 책들!
사전과 별반 다르지 않은 구성으로
학습자의 진을 쭉쭉 빼버리는 고만 책들!
과감하게 사절합니다!

단어가 곧 문장이 되고 회화가 되며,
외국어의 본질을 이해할 수 있도록 친절하게 도와줄 수 있어야
진정한 단어장이고, 단어를 정복할 수 있는 진짜 도우미입니다.

{ '국가대표 제2외국어 단어정복자'의 본심! }

Conquer them all!

단어만으로도 스페인어의 본질적인 구조를 파악할 수 있도록 준비했습니다.
단어가 준비되면 곧바로 스페인어 문법 학습을 시작하거나,
간단하면서도 자주 사용하는 표현들을 말할 수 있습니다.

문장이나 회화는 하나의 단어에서 시작합니다.
단어 하나만으로도 외국어 회화가 될 수 있습니다.
단어 하나가 문장이 되고, 곧바로 의사소통이 될 수 있는
방법을 담았습니다.

'국가대표 제2외국어 단어정복자'의 경쟁력!

Conquer them all!

얼마나 많은 단어를 아느냐보다는
알고 있는 단어를 얼마나 잘 활용하느냐가 중요합니다.
친근한 단어들과 함께 외국어에 제대로 접근하는 것,
바로 이것이 여러분의 '결정적 다국어 경쟁력'입니다!

단어정복자, 외국어 첫걸음 학습을 위한 완전히 새로운 제안입니다!

국가대표 제2외국어 단어장의 효과적 학습을 위한 학습방법!

❶
❷ p2-1-02 **haben**
[하벤] 가지다
❸

❶ 단어 위에 펜으로 직접 써보기!
❷ MP3 일련번호로 검색해서 바로바로 듣기!
❸ 공부한 단어 체크하기!

The vocabularies, the most frequently used words will be with you!

You'll get most frequently used vocabularies.

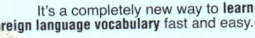

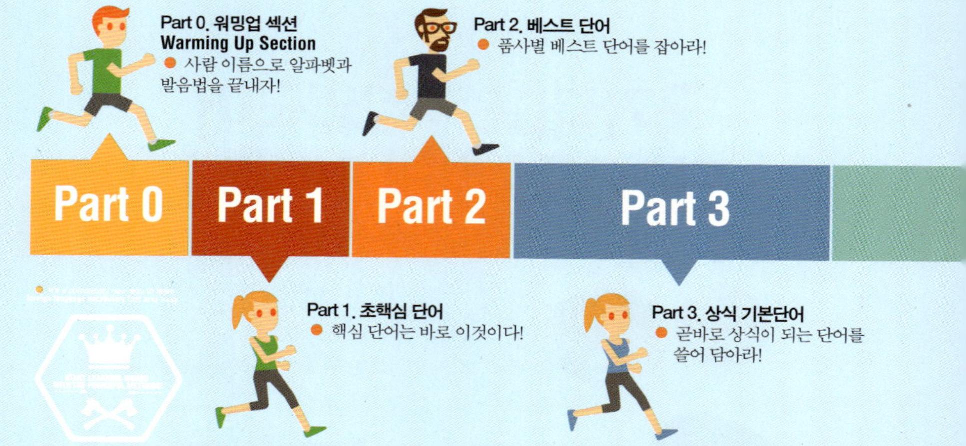

{ 국가대표 제2외국어 단어장의 효과적 학습을 위한 학습순서! }

P0 1) Go Part 0!

완전 생초보라면 **Part 0**(워밍업섹션)부터 시작하십시오!

외국인 이름으로 배우는 초간편 알파벳과 발음 학습법이 준비되어 있습니다.
전혀 부담 없이, 순식간에 알파벳과 발음법을 완성할 수 있습니다.

P1 2) Go Part 1!

가장 중요한 핵심단어부터 만나고 싶으면 **Part 1**으로 가십시오!

알파벳과 발음을 이미 알고 있다면 **Part 1**으로 이동하여,
핵심단어들을 만나보십시오!
대표적인 베스트 핵심단어를 모조리 모아놨습니다.

단어정복자,
외국어 첫걸음 학습을 위한 완전히 새로운 제안입니다!

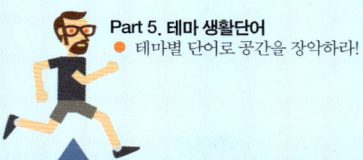

Part 5. 테마 생활단어
- 테마별 단어로 공간을 장악하라!

Part 4 | **Part 5**

Part 4. 필수 여행단어
- 필수 여행단어 100개를 챙기자!

배우고 싶은 파트부터 시작!
알고 싶은 파트까지만 학습!
아는 단어만으로도 완벽문장!
한 단어만 가지고도 회화완성!

P2

3) Go Part 2!
기본적인 문법을 만나게 도와주는 단어를 원하신다면 **Part 2**로 가십시오!

품사별로 정리된 베스트 단어를 통해 문법의 짜임새를 파악할 수 있습니다.

P3 **P4**

4) Go Part 3 or 4!
당장 여행/유학/출장을 떠나신다면
Part 3 또는 **Part 4**로 가십시오!

Part 3는 생활상식용 단어들이 망라되어 있고,
Part 4에는 당장 필요한 여행단어가 준비되어 있습니다.

P5

5) Go Part 5!
테마별로 단어를 학습하려면, 또는 배운 단어로 바로 문장을 만들어보고 싶다면 **Part 5**로 가십시오!

가정/학교/회사/교통/식사/쇼핑/공공기관/편의시설 등 60가지의 테마로 정리되어 있으며, 해당 테마의 필수 명사, 동사, 형용사(부사) 등을 활용하여 작문까지 도전할 수 있습니다.

그리고 부록 1.에서는 간단한 문법 요약표를,
부록 2.에서는 단어활용표를 만나실 수 있습니다.

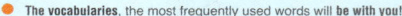

The vocabularies, the most frequently used words will **be with you!**

START LEARNING WORDS
WITH THE POWERFUL METHODS!

Part 0. 워밍업 섹션

스페인 사람 이름으로 알파벳과 발음법을 끝내자!

Part 1. 초핵심 단어

스페인어 핵심 단어는 바로 이것이다!

Part 2. 베스트 단어

스페인어 품사별 베스트 단어를 잡아라!

The quickest way for slow learners!

Contents 01

You'll get most frequently used **vocabularies**.

It's a completely new way to learn foreign language vocabulary fast and easy
START LEARNING WORDS WITH THE POWERFUL METHODS!

단어정복자, 외국어 첫걸음 학습을 위한 완전히 새로운 제안입니다!

Part 3. 상식 기본단어

곧바로 상식이 되는 스페인어 단어를 쓸어 담아라!

Part 4. 필수 여행단어

스페인어 필수 여행단어 100개를 챙기자!

The vocabularies, the most frequently used words will **be with you!**

You'll get most frequently used **vocabularies**.

The vocabularies, the most frequently used words will **be with you!**

It's a completely new way to learn
foreign language vocabulary fast and easy.
START LEARNING WORDS
WITH THE POWERFUL METHODS!

Part 5. 테마 생활단어

테마별 스페인어 단어로 공간을 장악하라!

Part 5

고개가 저절로 끄덕여지는 단어장, 단어에서 문장으로 그리고
회화까지 한방에 보이기 시작하면, 어학의 단어학습,
제대로 진행되고 있는 것입니다!

The quickest way for slow learners!

Contents 02

You'll get most frequently used **vocabularies.**

It's a completely new way to learn
foreign language vocabulary fast and easy.
START LEARNING WORDS
WITH THE POWERFUL METHODS

Conquer them all!

The **vocabularies**, the most frequently used words will **be with you!**

You'll get most frequently used **vocabularies.**

It's a completely new way to learn foreign language vocabulary fast and easy.
START LEARNING WORDS WITH THE POWERFUL METHODS!

단어정복자,
외국어 첫걸음 학습을 위한 완전히 새로운 제안입니다!

Conquer them all!

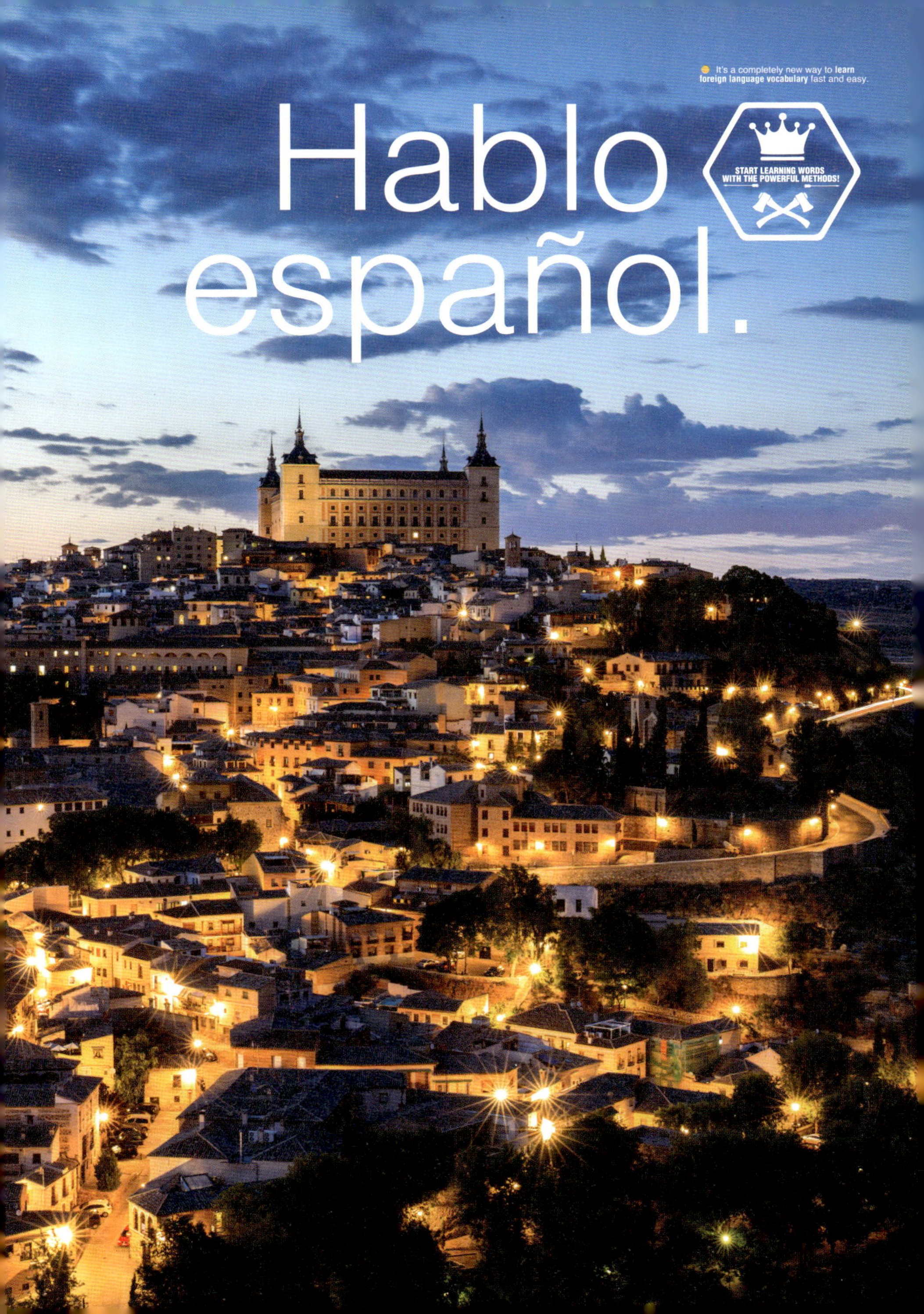
It's a completely new way to learn foreign language vocabulary fast and easy.
Hablo español.
START LEARNING WORDS WITH THE POWERFUL METHODS!

Conquer them all!

Learn foreign language vocabulary

Part 0. 워밍업 섹션

Warming Up Section

스페인 사람 이름으로
알파벳과 발음법을 끝내자!

1. 이미 친근한 스페인어 알파벳!
2. 스페인어의 깔끔한 모음!
3. 친숙한 스페인어 자음들!
4. 살짝 다른 스페인어 자음들!
5. 스페인어의 독특한 '철자부호'들!
6. 개성 있는 스페인어 자음들!
7. 스페인어 강세규칙!

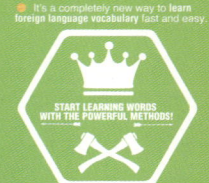

Part 0. 워밍업 섹션

스페인 사람 이름으로 알파벳과 발음법을 끝내자!

'세상에서 가장 아름답고 로맨틱한 언어 스페인어!'

스페인어의 쉽고 리듬감 넘치는 발음은
학습자의 학습욕구를 강렬하게 불러일으킵니다.
'규칙은 많지만 예외는 드문' 스페인어의 발음 원칙만 알면
누구나 정열의 스페인어 세계로 들어갈 수 있습니다.

좀 더 인상적이고 부담 없는 스페인어 알파벳과 발음법 학습을 위해
스페인 사람들이 가장 선호하는 이름 베스트 100 리스트를 활용하여 학습하겠습니다.
(여러분이 조만간 어차피 만나게 될 스페인 사람들의 이름입니다.)
이들의 이름이 여러분의 스페인어 발음 공부를 헌신적으로 도와드릴 것입니다.
자! 그러면 지금 바로 시작할까요?

1. 이미 친근한 스페인어 알파벳!

'**Dios** (디오스), **café** (카페), **churros** (추로스), **parasol** (파라솔), …'
'스페인어'는 생각보다 우리에게 훨씬 가까이 있습니다.
우리에게 이미 친근한 알파벳이 스페인어의 문자입니다.
문자를 알고 있다는 것은 언제든지 본격적으로 시작할 수 있다는 뜻입니다.
스페인어의 알파벳과 발음법의 핵심을 최단시간에 정리해 보겠습니다.
학습자 여러분이 가능한 한 빨리 본격적인 단어 학습에
돌입하실 수 있도록 준비했습니다.
스페인어의 기본 알파벳 (**alfabeto**) [알파베또]는 영어의 그것과 심하게 닮아있습니다.
영어 **alphabet** 에 스페인어의 간판급 철자 **Ñ** (에네)만 더해져 있다고 보시면 됩니다.
그러므로 스페인어의 알파베또는 총 26자가 아닌 27자가 되겠지요. ^0^
자! 그러면 **alphabet** 과 **alfabeto** 서로 얼마나 닮아있는지 비교하며
딱! 두 번만 쭉쭉 읽어볼까요?

It's a completely new way to learn foreign language vocabulary fast and easy.

START LEARNING WORDS WITH THE POWERFUL METHODS!

ABCD

Part 0

It's a completely new way to learn foreign language vocabulary fast and easy.

워밍업 섹션

스페인어 알파벳과 발음법

P0

[괄호] 안은 우리말에 가장 가까운 음가입니다.

p0-1-01

A a 아 [ㅏ]	B b 베 [ㅂ]	C c 쎄 [ㄲ/ㅆ]
D d 데 [ㄷ]	E e 에 [ㅔ]	F f 에페 [ㅍ]
G g 헤 [ㄱ/ㅎ]	H h 아체 [묵음]	I i 이 [ㅣ]
J j 호따 [ㅎ]	K k 까 [ㄲ]	L l 엘레 [ㄹ]
M m 에메 [ㅁ]	N n 에네 [ㄴ]	Ñ ñ 에녜 [녜]
O o 오 [ㅗ]	P p 뻬 [ㅃ]	Q q 꾸 [ㄲ]
R r 에레 [ㄹ]	S s 에세 [ㅅ]	T t 떼 [ㄸ]
U u 우 [ㅜ]	V v 우베 [ㅂ]	W w 우베 도블레 [ㅜ]
X x 에끼스 [엑스/ㅎ]	Y y 예 [ㅣ]	Z z 쎄따 [ㅆ]

2. 스페인어의 깔끔한 모음!

1) 스페인어의 모음은 다섯 개!

스페인어 모음의 기본은 **A** (아), **E** (에), **I** (이), **O** (오), **U** (우) 5개입니다.
음가는 그대로 [ㅏ], [ㅔ], [ㅣ], [ㅗ], [ㅜ]입니다.

스페인어 대표 모음의 발음법, 100% 한방에 해결해주는 여자 이름입니다.
스페인어 모음 발음법을 싹 다 정리해버리는 그야말로 '해결사' 같은 이름들이죠.

p0-2-01	**A a** [아]	**Ana** 아나	p0-2-02	**E e** [에]	**Eva** 에바
p0-2-03	**I i** [이]	**Isabel** 이사벨	p0-2-04	**O o** [오]	**Ofelia** 오펠리아
p0-2-05	**U u** [우]	**Úrsula** 우르술라			

2) 스페인어의 반모음 **Y y**!

스페인어 철자에서 **Y y** (예)는 반모음의 역할을 합니다.

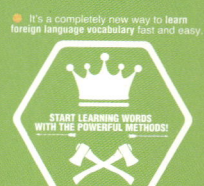

워밍업 섹션
스페인어 알파벳과 발음법

반모음 **Y y** (예)의 음가는 모음 [ㅣ]입니다.
모음자와 만나 **y** [ㅣ] + **a** [ㅏ] = **ya** [야] 와 같이 소리나는 것이죠.
다섯 모음자와 만나는 모든 소리를 정리해보면 **ya** [야], **ye** [예], **yi** [이], **yo** [요], **yu** [유]
이렇게 발음해줍니다! 멋진 스페인어 남자 이름으로 함께 연습해 보겠습니다.

p0-2-06 **Yáñez**
야녜스 (성씨)

p0-2-07 **Yeray**
예라이

3. 친숙한 스페인어 자음들!

스페인어 자음의 대부분은 영어와 같은 소리를 냅니다.
예컨대 **B** (베), **D** (데), **F** (에페), **M** (에메), **N** (에네), **S** (에세), **V** (우베), **X** (에끼스) 등은
그야말로 영어와 똑같다고 보시면 됩니다.

p0-3-01 **Bruno**
브루노

p0-3-02 **Diana**
디아나

p0-3-03 **Francisca**
프랑씨스까

p0-3-04 **Manuel**
마누엘

p0-3-05 **Noelia**
노엘리아

p0-3-06 **Simón**
시몬

p0-3-07	**Viviana** 비비아나	p0-3-08	**Xavi** 싸비

단, **X** 는 지명이나 국명 표현 시 [ㅎ]로 발음되기도 합니다.
(**México** [메히꼬] 멕시코 : 고대 멕시코 왕국에서는 스스로를 '메히꼬'라고 불렀기 때문입니다.)

4. 살짝 다른 스페인어 자음들!

영어와 살짝 다른 스페인어 자음들이 있습니다.
특별한 규칙 몇 가지만 알면 깔끔하게 해결됩니다.

1) 된소리로 발음되는 스페인어 자음입니다.

영어의 **P** [ㅍ], **T** [ㅌ]는 스페인어에서는 [ㅃ], [ㄸ]로 소리 납니다.
'빠블로'를 '파블로'로 발음하면 마치 '미쿡' 사람의 어설픈 스페인어로 들립니다.

p0-4-01	**Pablo** 빠블로	p0-4-02	**Teresa** 떼레사

It's a completely new way to learn foreign language vocabulary fast and easy.

ABCD

Part 0

It's a completely new way to learn foreign language vocabulary fast and easy.

워밍업 섹션
스페인어 알파벳과 발음법

PO

2) **L** (엘레)는 [ㄹ] 소리로 영어와 같습니다.

하지만 2개가 겹치면 발음이 **lla** [야], **lle** [예], **lli** [이], **llo** [요], **llu** [유]가 됩니다.

p0-4-03	**Laura** 라우라	p0-4-04	**Llorente** 요렌떼 (성씨)

3) **R** (에레) 역시 하나일 때는 [ㄹ]로 발음합니다.

하지만, 2개가 나란히 오거나 단어 첫머리 혹은 맨 끝에 올 때는 [ㄹㄹ…]로 소리 납니다.

p0-4-05	**Roberto** 로베르또	p0-4-06	**Chamorro** 차모로 (성씨)

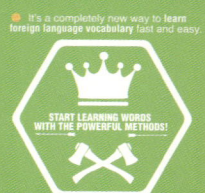

4) **Z** 는 [ㅆ] 로, 일명 '번데기' 발음입니다.

p0-4-07	**Zoe** 쏘에	p0-4-08	**Martínez** 마르띠네스

5) **H** 는 묵음, 즉 소리가 나지 않습니다.

p0-4-09	**Hugo** 우고	p0-4-10	**Higuaín** 이과인

6) 그리고 외래어 표기 때만 쓰는 자음들이 있습니다.

K (까), **W** (우베 도블레)는 원래 스페인어엔 사용하지 않았던 자음들입니다. 때문에 자주 등장하지 않습니다.

5. 스페인어의 독특한 '철자부호'들!

딱! 보면 한눈에 스페인어인지 알 수 있는 '철자부호'들이 있습니다.
[´] (tilde) [띨데], **[¨] (diéresis)** [디에레시스] 는 영어에는 없는 철자부호입니다.
tilde (´)는 발음할 때 강세의 위치를 나타냅니다.
그리고 **diéresis (¨)**는 **güe / güi** 에만 제한적으로 사용되어 발음을 구분합니다.

또한 느낌표(!)와 물음표(?)를 문장 맨 앞에 거꾸로(¡, ¿) 한 번 더 쓰는 것도 스페인어만의 독특한 특징입니다.

p0-5-01 **García** 가르씨아

p0-5-02 **Maël** 마엘

p0-5-03 **Andrés** 안드레스

p0-5-04 **Güell** 구엘 (성씨)

6. 개성 있는 스페인어 자음들!

독특한 철자부호 이외에도 한눈에 스페인어임을 알려주는
결정적 특징이 몇 가지 더 있습니다.
철자들 중에는 알파벳 **N** 자 위에 물결 무늬가 있는 **Ñ** (에네)가 대표적입니다.
그밖에 독특하고 개성 강한 스페인어 자음 또한 몇 가지를 살펴보겠습니다.

1) **C** (쎄)는 **a, o, u** 와 함께 쓰면 **ca** [까], **co** [꼬], **cu** [꾸]가 되고,
e, **i** 와 만나면 **ce** [쎄], **ci** [씨]가 됩니다.

p0-6-01 **Camila**
까밀라

p0-6-02 **Celeste**
쎌레스떼

2) **G** (헤)는 **ga** [가], **go** [고], **gu** [구]와 **ge** [헤], **gi** [히],
그리고 **gue** [게], **gui** [기]와 **güe** [구에]와 **güi** [구이]로 발음됩니다.

p0-6-03 **Gabriel**
가브리엘

p0-6-04 **Génesis**
헤네시스

p0-6-05	**Guillermo** 기예르모	p0-6-06	**Agüero** 아구에로 (성씨)

3) 영어와 전혀 다른 발음으로 **J** (호따) [ㅎ]와, 두 모음 사이에서만 사용하는 **Ñ** (에녜)가 있습니다. **N** 자 위에 **tilde** (띨데)라 부르는 물결 모양의 부호가 붙어 있습니다.

p0-6-07	**Juan** 후안	p0-6-08	**Ñuflo** 뉴플로 (성씨)

4) 그리고 끝으로 **Q** (꾸)는 **que** [께], **qui** [끼]의 경우에만 사용합니다.

p0-6-09	**Enrique** 엔리께	p0-6-10	**Joaquina** 호아끼나

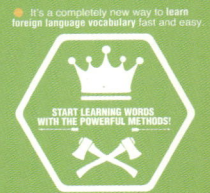

7. 스페인어 강세규칙!

자 이번에는 스페인어를 완벽하게 발음하기 위한 '강세규칙'에 대해 말씀드리겠습니다. 강세(**acento**)[아센또] 규칙이란 단어의 여러 음절 중에서 특별히 강하게 읽는 부분을 말합니다. 정확한 강세는 세련된 스페인어를 구현하기도 하지만, 단어의 의미가 달라지는 경우도 있기 때문에 반드시 알아두어야 할 필수규칙입니다.
너무나 중요한 강세규칙, 스페인어 이름들과 함께 아주 간단하게 정리했습니다.

1) 단어가 자음으로 끝나면 바로 앞의 모음에 강세가 있습니다!
단, **n** 이나 **s** 로 끝나는 경우는 예외입니다.

p0-7-01 **Oriol**
오리올

p0-7-02 **Leonor**
레오노르

2) 단어가 모음으로 끝나거나 자음 **n**, **s** 로 끝나면
뒤에서 두 번째 모음에 강세가 있습니다.

p0-7-03 **Dolores**
돌로레스

p0-7-04 **Carmen**
까르멘

3) 모음이 나란히 연속해서 나올 경우에는 강모음(**a**, **e**, **o**)과 약모음(**i**, **u**)에 따라 규칙이 다릅니다. 즉 강모음과 강모음이 나란히 올 경우 '두 개의 모음'으로 여겨지지만, 강모음과 약모음이 순서에 상관없이 나란히 오는 경우에는 '하나의 모음'으로 간주됩니다!

p0-7-05 **Julia** 훌리아

p0-7-06 **Fabio** 파비오

4) 태어날 때부터 강세를 가지고 태어난 어휘들도 있습니다.
이런 경우 그냥 강세부호 **tilde** [띨데]가 찍혀있는 모음에 강세를 넣어 읽으면 됩니다.
본래부터 강세를 가지고 있는 단어들은 위의 1), 2), 3)번 규칙에 어긋나는 '불규칙강세'임을 의미합니다.

p0-7-07 **César** 쎄사르

p0-7-08 **Álvaro** 알바로

이상으로 주요 발음의 소개를 마칩니다.
소소한 발음은 본문부와 MP3 청취/발음 연습자료를 통해 해결하도록 하겠습니다.
본격적으로 Part 1으로 진격!!

It's a completely new way to learn foreign language vocabulary fast and easy.
START LEARNING WORDS WITH THE POWERFUL METHODS!

Conquer them all!

Learn foreign language vocabulary

Part 1. 초핵심 단어

스페인어 핵심 단어는 바로 이것이다!

It's a completely new way to learn foreign language vocabulary fast and easy.

START LEARNING WORDS WITH THE POWERFUL METHODS!

Part 1. 초핵심 단어
스페인어 핵심 단어는 바로 이것이다!

1. 스페인어 초핵심 단어 5

친절한 이야기와 함께 하는 스페인어 단어 베스트 5,
스페인어의 대표선수급 Top 5에 랭크된 단어들입니다.
국가대표급 스페인어 단어 5개를 알면 '스페인어의 생김새'가 살짝 엿보입니다.

우리가 단어를 공부하는 이유는 결국 스페인어를 잘하기 위해서이고,
스페인과 스페인인 그리고 스페인 문화를 이해하려는 것이기도 합니다.
때문에 스페인어 단어와 친해진다는 것은 그만큼 스페인 자체에 대한
이해가 깊어진다는 뜻이기도 합니다.

이번 파트에서 소개해드릴 단어들은 너무너무 중요한 만큼
꼭꼭 짚어 나가시길 바랍니다. 단어 하나의 의미에서 그치지 마시고,
이 하나의 단어가 얼마나 크게 활용될 수 있는지,
이 단어가 나의 스페인어를 위해
어떻게 도와줄지를 상상하며 학습하시는 것이 훨씬 효과적입니다.

이번 코너는 간단한 단어 설명과 함께 여러분께서 스페인어와
친근해질 수 있도록 진행됩니다.

It's a completely new way to learn foreign language vocabulary fast and easy.

START LEARNING WORDS WITH THE POWERFUL METHODS!

BEST

Part 1
초핵심 단어
스페인어 초핵심 단어

It's a completely new way to learn foreign language vocabulary fast and easy.

P1

1) 첫 번째 스페인어 초핵심 단어

p1-1-01 **yo**
[요] 나 (인칭대명사)

스페인어에서 가장 자주 사용하는 단어는 인칭대명사 **yo** [요] (나)입니다.
영어 **I** 와 달리 스페인어 **yo** [요]는 문장 중간에 쓰일 때 소문자로 씁니다.
(인칭대명사는 두말할 필요 없이 중요한, 앞으로 여러분이 만드실 스페인어 문장의 주인입니다.)

2) 두 번째 스페인어 초핵심 단어

p1-1-02 **soy ~**
[소이] (나는) ~이다 (**ser** 동사)

ser 동사(영어의 **be** 동사)의 1인칭형입니다.
Yo soy ~. [요 소이 ~.] (나는 ~이다. : 영어의 **I am ~.**)입니다.
자, 그런데 스페인어는 **be** 동사가 한 개 더 있습니다. 바로 **estar** 동사입니다.
ser 동사는 '~이다'의 뜻이고, **estar** 동사는 '~에/~한 상태에 있다'의 뜻입니다.
영어처럼 스페인어 역시 인칭대명사에 따른 **ser / estar** 동사의 인칭별 형태가 모두 다릅니다. 스페인어의 동사는 각각 6개의 형태로 변화합니다.
(좀 더 자세한 내용은 'Part 2. 베스트 단어 - 스페인어 동사 베스트 단어 - 스페인어 동사 빅 3'에서 설명드리겠습니다.)

It's a completely new way to learn foreign language vocabulary fast and easy.

START LEARNING WORDS WITH THE POWERFUL METHODS!

3) 세 번째 스페인어 초핵심 단어

p1-1-03 **tengo ~**

[뗑고] (나는) ~ 가지고 있다 (**tener** 동사)

tener 동사(영어의 **have** 동사)의 1인칭 형태입니다.
Yo tengo ~. [요 뗑고 ~.] (나는 ~ 가지고 있습니다.: 영어의 **I have ~.**)입니다.
앞에 나온 **ser** 동사와 마찬가지로 **tener** 동사 역시 각 인칭별로 동사의 모습이 달라집니다. **tener** 동사 뒤에 아무 명사나 넣어 문장을 만들어 주면 됩니다.
이때 명사가 특정 대상을 지칭하지 않는 경우 관사 없이 써주면 됩니다.
(좀 더 자세한 내용은 'Part 2. 베스트 단어 - 스페인어 동사 베스트 단어 - 스페인어 동사 빅 3'에서 설명드리겠습니다.)

4) 네 번째 스페인어 초핵심 단어

p1-1-04 **el**

[엘] 그 (정관사)

el 은 스페인어 정관사 중 하나입니다. (영어의 **the** 에 해당합니다.)
스페인어의 정관사는 4가지 형태이며 명사 앞에 놓여 명사의 '정체'를 알려줍니다.
스페인어의 명사는 '남/녀, 단/복수'로 구별되는데,
관사가 명사 앞에서 이 4가지 정체성을 구분해 주는 것이지요.
(**el niño** [엘 니뇨] 남자 아이, **la niña** [라 니냐] 여자 아이, **los niños** [로스 니뇨스] (남녀 또는 모두 남자) 아이들, **las niñas** [라스 니냐스] 여자 아이들)

(스페인어 정관사와 단박에 친해질 수 있도록 정리한
스페인어 정관사 표는 부록 1.에 마련되어 있습니다.)

5) 다섯 번째 스페인어 초핵심 단어

p1-1-05 **un**
[운] 하나의/어떤 (부정관사)

un 은 스페인어 부정관사 중 하나입니다. (영어의 **a/an** 에 해당합니다.)
정관사처럼 부정관사 역시 '남/녀, 단/복수' 4가지 형태로 존재하며
명사 앞에 놓여 명사의 '정체'를 밝혀줍니다.

(**un niño** [운 니뇨] 남자 아이, **una niña** [우나 니냐] 여자 아이,
unos niños [우노스 니뇨스] (남녀 또는 모두 남자) 아이들,
unas niñas [우나스 니냐스] 여자 아이들)

(스페인어 부정관사와 곧바로 친해질 수 있도록 정리한 스페인어 부정관사 표는
부록1. 에 마련되어 있습니다.)

It's a completely new way to **learn**
foreign language vocabulary fast and easy.

START LEARNING WORDS
WITH THE POWERFUL METHODS!

2. 스페인어 핵심 단어 10

스페인어가 맛깔스러워지는 스페인어 핵심 단어 10을 만나보십시오!

이번 코너에서 소개해 드릴 단어들은 문장 또는 일상회화에서
보다 더 어감을 살리고, 때로는 추임새가 되는
깨소금 같은 단어들입니다.

아울러 문장 안에서 뜻을 좀 더 구체적으로 나타내기도 하지만,
독립적으로는 간단한 대답으로도 자주 사용됩니다.

예를 들어 상대가 '영화 좋아해?'라고 물으면
Mucho. [무초.] (아주. - 좋아해.)라고 한다거나
또는 '영화 보러 갈래?' 하면 **¡Por supuesto!** [뽀르 수뿌에스또!] (기꺼이! - 갈래.)라고
대답하는 방식입니다.

그렇기 때문에 한편으로는 '뉘앙스' (**matiz** 어감)에 대한 이해가
중요한 단어들이기도 합니다.

It's a completely new way to learn foreign language vocabulary fast and easy.

START LEARNING WORDS WITH THE POWERFUL METHODS!

BEST

Part 1

It's a completely new way to learn foreign language vocabulary fast and easy.

초핵심 단어

스페인어 초핵심 단어

P1

자! 그러면 스페인어 핵심 단어 10, 시작해 볼까요~!

p1-2-01 **sí**
[씨] 네/응

Sí. (네/응/그래.)는 긍정의 대답입니다.
¿Ah, sí? [아, 씨?]라고 끝을 올려 물으면 '그래?'라는 어감으로도 말할 수 있습니다.

p1-2-02 **no**
[노] 아니오/아니

No. (아니/아니오.)는 부정의 대답입니다.

p1-2-03 **también**
[땀비엔] 또한

Yo también. 은 영어의 **Me too.** (나도 그래.)입니다.

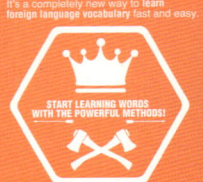

p1-2-04 **y**

[이] 그리고

y 는 가장 대표적인 등위접속사입니다.
대화 중에 **¿Y?** 하며 끝을 올리면 '그리고 또 뭐?'라는 느낌의 물음입니다.
(등위접속사 : 접속사를 중심으로 앞뒤가 대등한 요소로 이루어지는 연결어)

p1-2-05 **pero**

[뻬로] 그러나

pero 역시 대표적인 등위접속사입니다.
pero 의 앞뒤는 서로 대조되는 내용이 오고, 문장 앞에서 화제를 전환할 때도 사용합니다. 대화 중에 **Pero**…하고 말끝을 흐리면 '그렇지만 …' 하면서 변명의 여지를 남긴 듯 보입니다.

p1-2-06 **o**

[오] 혹은/또는

o 또한 대표적인 등위접속사로 선택을 나타내는 접속사입니다.
대화 중에 **¿O?** 하고 물으면 '그렇지 않으면 다른?'의 의미로 사용됩니다.

p1-2-07 **por eso**

[뽀르 에소] 그래서/그러므로

문장을 자연스럽게 원인과 결과로 이어주는 접속사입니다.
이때 **eso** 는 '그것'이라는 뜻을 가지며 직역하면 '그것으로 해서~' 라는 의미가 됩니다.

Part 1

초핵심 단어

스페인어 초핵심 단어

p1-2-08 ya

[야] 이미/벌써/이제

종종 일상회화에서 '~는 다 됐니?'라는 질문에 대한 대답으로 **Ya está.** [야 에스따.] (이제 다 됐어.)라고 합니다.
(**estar** 동사에 대해서는 다음 Part 에서 자세히 설명드립니다.)

p1-2-09 todavía

[또다비아] 아직

todavía 역시 '~을 했니?'라는 물음에 대한 부정의 답으로 **No, todavía no está.** [노, 또다비아 노 에스따.] (아니, 아직 아니야.) 또는 간단하게 **Todavía.** [또다비아.] (아직.)이라고 합니다.

p1-2-10 aquí / allí

[아끼 / 아이] 여기 / 거기

aquí / allí 는 각각 영어의 **here / there** 에 해당합니다. '누가/무엇이 있다/없다'라고 할 때 자주 씁니다. **Yo estoy aquí.** [요 에스또이 아끼.] (나 여기 있어.) **¿Tú estás allí?** [뚜 에스따스 아이?] (너 거기 있니?), **Él no está allí.** [엘 노 에스따 아이.] (그는 거기 없어.) 등으로 표현합니다.

지금까지 Part 1을 통해서 학습자 여러분께서는 스페인어의 가장 중요한 '초핵심 단어들'을 만나보셨습니다. 스페인어 단어 학습이 동시에 스페인어 문법과 스페인어 회화를 해결하는 것이 본서의 핵심이며 목표입니다.

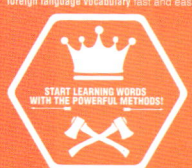

3. 스페인어 결정적 한 단어 40

단어 하나가 곧바로 문장이 될 수 있는 결정적인 스페인어 단어들이 있습니다.
가장 경쟁력 있는 결정적 스페인어 단어 40개를 준비했습니다.
이제 드디어 여러분의 스페인어가 40가지 상황을 완벽하게 해결해줍니다!

1) 스페인어 결정적 한 단어 (인사 표현)

p1-3-01 **Hola.**
[올라] 안녕하세요./안녕.

남녀노소 누구에게나 가리지 않고 사용할 수 있는 인사표현입니다.
'안녕.', '안녕하세요.'에 모두 해당되는 표현입니다.

p1-3-02 **Encantado/-a.**
[엔깐따도/다] 반갑습니다.

처음 만난 사람에게 하는 인사입니다. 말하는 사람이 여성이면 끝을 **-a** 로 바꿔줍니다.
앞에 **muy** [무이] (매우)를 붙이면 **Muy encantado/-a.** (대단히 반갑습니다.)가 됩니다.

p1-3-03 **Adiós.**
[아디오스] 안녕히 가세요./잘 가.

헤어질 때 하는 인사입니다.

p1-3-04 **Chao.**
[차오] 안녕/잘가.

남미에서는 자주 보는 지인들 사이에서의 인사는 **Chao.**
이고, 다시 보지 못할 영원한 이별을 말할 때는 **Adiós.** 를 씁니다.

p1-3-05 **Gracias.**
[그라씨아스] 고마워./고맙습니다.

감사의 인사입니다. 스페인어를 대표하는 단어 중 하나죠.
앞에 **muchas** [무차스] (많이/매우)를 붙이면 감사의 마음을 더욱 잘 표현할 수 있습니다.

p1-3-06 **Perdón.**
[뻬르돈] 죄송합니다./실례했습니다.

다른 사람의 발을 밟거나 접촉을 하게 되었을 때 하는 사과의 표현도 되고, 상대방의 말을 잘 듣지 못했을 때도 **¿Perdón?** 이라고 합니다. 스페인 사람들은 상대방을 건드릴 것만 같아도 **perdón** 을 외치는 예의 바른 사람들입니다.

2) 스페인어 결정적 한 단어 (긍정/부정/확인 표현)

p1-3-07 **Sí.**
[씨] 네./응.

It's a completely new way to learn foreign language vocabulary fast and easy.

p1-3-08

No.

[노] 아니오./아니야.

p1-3-09

De acuerdo.

[데 아꾸에르도] 알았어요./좋아요.

상대방 의견에 동의한다는 표현입니다.

p1-3-10

Entiendo.

[엔띠엔도] 알았어요./이해했습니다.

De acuerdo. 와 같이 '알았어요.'라는 뜻이지만 상대방의 의견에 동의를 구할 때 사용하는 것이 아니라 어떤 설명과 내용에 대해 '이해한다'라는 의미로 사용됩니다.

p1-3-11

Claro.

[끌라로] 맞아./그렇지.

'맞아!' 또는 '그렇지!'라고 상대방의 말에 맞장구를 칠 때 사용할 수 있습니다.

p1-3-12

Nunca.

[눈까] 절대 아냐.

p1-3-13 **Por supuesto.**
[뽀르 수뿌에스또] 당연하지.

p1-3-14 **Exacto.**
[엑싹또] 그렇지./바로 그거야.

'맞아.', '내 말이 그 말이야!'라고 맞장구를 칠 때 사용할 수 있습니다.

p1-3-15 **¿De verdad?**
[데 베르닷?] 정말?

p1-3-16 **¿En serio?**
[엔 세리오?] 진심이야?/그 말 진짜야?

p1-3-17 **¿Seguro/-a?**
[세구로/라?] 확실해?

상대방이 남자일 경우 **seguro**, 여자일 경우 **segura** 로 성을 맞춰 써줍니다.

p1-3-18 **No gracias.**
[노 그라씨아스] 사양하겠습니다.

'고맙지만 사양합니다.'라는 뜻으로 상대방의 기분을 상하지 않게 거절하는 방법입니다.

3) 스페인어 결정적 한 단어 (칭찬/격려 표현)

p1-3-19 **Bueno.**
[부에노.] 좋아요.

상대방의 말에 동의하는 표현이며, 중남미 일부 지역에서는 전화를 받을 때 하는 '여보세요?'의 의미로도 사용됩니다.

p1-3-20 **Bien.**
[비엔.] 좋아요./괜찮네요.

사람이나 어떠한 상황의 현재 상태에 대한 판단으로 사용됩니다.
muy [무이] (매우/몹시)를 붙이면 '아주 좋아요.'라는 격찬이 됩니다.

p1-3-21 **¡Maravilloso!**
[마라비요소!] 대단해요!/멋져요!

p1-3-22 **¡Genial!**
[헤니알!] 대단해요!

p1-3-23 **¡Increíble!**
[인끄레이블레!] 놀라워요!

(믿을 수 없을 정도로) '놀라워요.'의 뜻입니다.

p1-3-24 **¡Perfecto!**
[빼르펙또!] 완벽해요!

p1-3-25 **¡Ánimo!**
[아니모!] 힘내세요!

p1-3-26 **Salud.**
[살룻.] 건강하세요. (건배할 때).

또한 주변 사람이 기침을 하였을 때도 **salud** 이라고 말해줍니다.

4) 스페인어 결정적 한 단어 (명령 표현)

p1-3-27 **Adelante.**
[아델란떼.] 들어오세요.

p1-3-28 **¡Ayuda!**
[아유다!] 도와주세요!

p1-3-29 **¡Atención!**
[아뗀씨온!] 주의!/주목!

p1-3-30 **¡Cuidado!**
[꾸이다도!] 조심하세요!

p1-3-31 **¡Pare!**
[빠레!] 멈추세요!

p1-3-32 **¡Socorro!**
[소꼬로!] 살려주세요!

긴급한 상황에서 구조가 필요할 때의 외침입니다.

5) 스페인어 결정적 한 단어 (감탄 표현)

p1-3-33 **¡Dios!**
[디오스!] 저런!/아이고!/아뿔사!

기쁨/놀라움/감탄/동정/실망 등 다양하고도 상반된 감정을 모두 나타낼 수 있는 감탄 표현입니다. 상황에 따라 알맞은 뉘앙스로 리듬감 있게 소리냅니다.

p1-3-34 **¡Ay!**
[아이!] 아얏! / 아잇!

다쳐서 아플 때 내는 소리입니다. 불쾌하거나 짜증날 때도 씁니다.

p1-3-35 **¡Ah!**
[아!] 아 (그래)!

p1-3-36 **Pues.**
[뿌에스.] 음, 그러면…

뭔가 생각할 때, 대답을 주저할 때 사용합니다.
대화의 시작에서 환기용으로 사용하기도 합니다.

p1-3-37 **Mira.**
[미라.] 여기 봐./자!

놀랐을 때나 물건 등을 내어 줄 때 주의를 환기시키기 위해 사용합니다.

p1-3-38 **¡Joder!**
[호데르!] 젠장!/제기랄!

p1-3-39 **¡Hostia!**
[오스띠아!] 헐!/깜짝이야!

p1-3-40 **¡Mierda!**
[미에르다!] 똥이다!/젠장!

욕설 표현입니다. 정말 많이 사용하는 표현으로
'빌어먹을!', '제기랄!', 'X발'까지 포함하는 '스페인 국민욕'입니다.

It's a completely new way to learn foreign language vocabulary fast and easy.
START LEARNING WORDS WITH THE POWERFUL METHODS!

Conquer them all!

Learn foreign language vocabulary

Part 2. 베스트 단어

스페인어 품사별 베스트 단어를 잡아라!

Part 2. 베스트 단어

스페인어 품사별 베스트 단어를 잡아라!

1. 스페인어 동사 베스트 단어

1) 스페인어 동사 빅 3 단어

베스트 오브 베스트! 스페인어 동사 딱 3개만 챙기라고 한다면,
바로 이 동사들! **ser**, **estar**, **tener**.

거두절미하고 전체 스페인어 동사 중에서 핵심 동사 딱 3개만 챙기라고 한다면,
그것은 바로 **ser**, **estar** 그리고 **tener** 동사입니다.
스페인어 문법에서 차지하고 있는 비중으로나
일상적인 회화의 사용빈도에 있어서 중요한 정도가 독보적인 동사들입니다.

스페인어 동사의 가장 큰 특징은 인칭별로 동사의 모양이 달라진다는 것입니다.
동사는 '어간+어미'로 이루어져 있고, 어미 부분이 인칭에 따라 변화하게 됩니다.
이때 어간은 변하지 않고 어미만 일정한 규칙으로 변하면 '규칙동사',
그렇지 않으면 '불규칙 동사'라고 합니다.
스페인어 동사의 대부분은 규칙동사입니다.

다음에 소개할 빅 3 동사는 모두 불규칙동사입니다.
(동사의 각 인칭별 변화표는 부록 2.에 마련되어 있습니다.)

p2-1-01

ser

[세르] ~이다

ser 동사는 '~이다'라는 뜻입니다.

p2-1-02

estar

[에스따르] ~에/~한 상태에 있다

estar 동사는 '~에/~한 상태에 있다'라는 뜻입니다.
영어의 **be** 동사에 해당하는 스페인어 동사는 2가지입니다.
ser [세르] (~이다)와 **estar** [에스따르] (~에/~한 상태에 있다)의 뜻을 각각 담당하며,
영어의 **be** 동사처럼 수동태, 현재진행시제에서 조동사로도 활용됩니다.

p2-1-03

tener

[떼네르] 가지다

tener 동사는 영어의 **have** 동사와 같습니다.
'~ 가지다'라는 뜻 이외에도 '**have to** + 동사원형'과 같은 '~해야 한다' 표현에 활용되기도 합니다. (**tener que** + 동사원형)

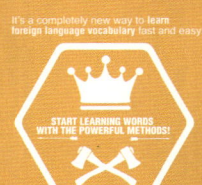

2) 스페인어 동사 베스트 40 단어

이번 Chapter 에서는 일상생활에서 가장 자주 사용하는
스페인어 동사 Best 40가지를 소개해 드리겠습니다.
중요한 생활 행위를 총망라한 동사 그룹이 되겠습니다. 앞으로 만나게 될
동사 40가지는 여러분의 스페인어 소통을 알차게 도와드릴 것입니다.

스페인어 동사는 말씀드린 것처럼 동사는 '어간+어미'로 구성되며,
어미는 딱 3가지 형태만이 존재합니다. (**-ar, -er, -ir** 형)
그리고 이 동사들은 다시 규칙동사와 불규칙동사로 나뉘어지는데, 규칙동사란 어간은
그대로 있고 어미만이 인칭에 따라 변화하는 동사들을 뜻합니다.
불규칙동사 또한 **-ar, -er, -ir** 형의 3가지 중 하나의 어미변화를 가지며, 어미뿐만 아니라
어간에서도 변화가 일어나거나 완전 제 멋대로 변화하는 '완전 불규칙' 등이 있습니다.

(1) 스페인어 규칙동사

-ar 규칙동사 : 전체 동사 비율에서 **-ar** 규칙동사가 차지하는 비중은 90% 정도입니다.
그래서 '제1변화동사'라고도 합니다. 동사원형에서 어미 **-ar** 부분을 떼고 그 자리에 아래
와 같은 어미를 인칭별로 붙여주면 됩니다.

Yo	**-o**	**Nosotros/-as**	**-amos**
[요] 나		**[노소뜨로스/라스]** 우리들	
Tú	**-as**	**Vosotros/-as**	**-áis**
[뚜] 너		**[보소뜨로스/라스]** 너희들	
Él/Ella/Usted	**-a**	**Ellos/Ellas/Ustedes**	**-an**
[엘/에야/우스뗏] 그/그녀/당신		**[에요스/에야스/우스떼데스]** 그들/그녀들/당신들	

-er 규칙동사 : 어미가 **-er** 로 끝나는 대부분의 동사들은 '제2변화동사'라고도 합니다.
-ar 동사와 마찬가지로 동사원형에서 어미 **-er** 부분을 떼고 그 자리에 다음을 붙입니다.

Yo	**-o**	**Nosotros/-as**	**-emos**
[요] 나		[노소뜨로스/라스] 우리들	
Tú	**-es**	**Vosotros/-as**	**-éis**
[뚜] 너		[보소뜨로스/라스] 너희들	
Él/Ella/Usted	**-e**	**Ellos/Ellas/Ustedes**	**-en**
[엘/에야/우스뗏] 그/그녀/당신		[에요스/에야스/우스떼데스] 그들/그녀들/당신들	

-ir 규칙동사 : 다음은 어미가 **-ir** 로 끝나는 '제3변화동사'입니다.

Yo	**-o**	**Nosotros/-as**	**-imos**
[요] 나		[노소뜨로스/라스] 우리들	
Tú	**-es**	**Vosotros/-as**	**-ís**
[뚜] 너		[보소뜨로스/라스] 너희들	
Él/Ella/Usted	**-e**	**Ellos/Ellas/Ustedes**	**-en**
[엘/에야/우스뗏] 그/그녀/당신		[에요스/에야스/우스떼데스] 그들/그녀들/당신들	

(2) 스페인어 불규칙동사

스페인어 불규칙동사의 유형에는 완전 제멋대로 변하는 무조건 암기동사 '완전불규칙동사' 와 어미변화+어간모음변화가 추가되는 '어간모음변화동사'가 있습니다. 어간의 모음이 변화하는 형태를 동사 옆에 살짝 괄호로 표시해두도록 하겠습니다. (예 : **o > ue**, **o > ie** 등) 이때 어간모음변화는 1,2인칭복수 (**nosotros, vosotros**)에서는 일어나지 않습니다.

(스페인어 동사 베스트 40 단어는 알파벳 순으로 정리됩니다.)

p2-1-04

amar

[아마르] 사랑하다 **-ar** 규칙동사

p2-1-05

ayudar

[아유다르] 돕다 **-ar** 규칙동사

p2-1-06

buscar

[부스까르] 찾다 **-ar** 규칙동사

p2-1-07

cantar

[깐따르] 노래하다 **-ar** 규칙동사

p2-1-08

comprar

[꼼쁘라르] 사다 **-ar** 규칙동사

p2-1-09 **enviar**
[엔비아르] 보내다 -ar 규칙동사

p2-1-10 **escuchar**
[에스꾸차르] 듣다 -ar 규칙동사

p2-1-11 **esperar**
[에스뻬라르] 기다리다 -ar 규칙동사

p2-1-12 **estudiar**
[에스뚜디아르] 공부하다 -ar 규칙동사

p2-1-13 **hablar**
[아블라르] 말하다 -ar 규칙동사

It's a completely new way to **learn foreign language vocabulary** fast and easy.

START LEARNING WORDS WITH THE POWERFUL METHODS!

(스페인어 동사 베스트 40 단어는 알파벳 순으로 정리됩니다.)

p2-1-14
llamar
[야마르] 부르다/불리다 **-ar** 규칙동사

p2-1-15
necesitar
[네쎄시따르] 필요하다 **-ar** 규칙동사

p2-1-16
preguntar
[쁘레군따르] 묻다 **-ar** 규칙동사

p2-1-17
quedar
[께다르] 머물다/남다 **-ar** 규칙동사

p2-1-18
significar
[시그니피까르] 의미하다 **-ar** 규칙동사

p2-1-19
tomar
[또마르] 잡다/먹다/취하다 **-ar** 규칙동사

p2-1-20
trabajar
[뜨라바하르] 일하다 **-ar** 규칙동사

p2-1-21
visitar
[비시따르] 방문하다 **-ar** 규칙동사

p2-1-22
viajar
[비아하르] 여행하다 **-ar** 규칙동사

p2-1-23
beber
[베베르] 마시다 **-er** 규칙동사

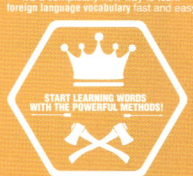

It's a completely new way to **learn foreign language vocabulary** fast and easy.

START LEARNING WORDS WITH THE POWERFUL METHODS!

(스페인어 동사 베스트 40 단어는 알파벳 순으로 정리됩니다.)

p2-1-24 **comer**
[꼬메르] 먹다 **-er** 규칙동사

p2-1-25 **comprender**
[꼼쁘렌데르] 이해하다 **-er** 규칙동사

p2-1-26 **leer**
[레르] 읽다 **-er** 규칙동사

p2-1-27 **responder**
[레스뽄데르] 대답하다 **-er** 규칙동사

p2-1-28 **abrir**
[아브리르] 열다 **-ir** 규칙동사

p2-1-29 **escribir**
[에스끄리비르] 쓰다 -ir 규칙동사

p2-1-30 **vivir**
[비비르] 살다 -ir 규칙동사

p2-1-31 **agradecer**
[아그라데쎄르] 감사하다 불규칙동사

p2-1-32 **comenzar**
[꼬멘싸르] 시작하다 불규칙동사 (e > ie)

p2-1-33 **conducir**
[꼰두씨르] 운전하다/타고 가다 불규칙동사

It's a completely new way to **learn foreign language vocabulary** fast and easy.

START LEARNING WORDS WITH THE POWERFUL METHODS!

(스페인어 동사 베스트 40 단어는 알파벳 순으로 정리됩니다.)

p2-1-34 **dar**
[다르] 주다 불규칙동사

p2-1-35 **decir**
[데씨르] 말하다 불규칙동사

p2-1-36 **dormir**
[도르미르] 자다 불규칙동사 (**o > ue**)

p2-1-37 **ir**
[이르] 가다 불규칙동사

p2-1-38 **jugar**
[후가르] 놀다 불규칙동사 (**u > ue**)

It's a completely new way to learn foreign language vocabulary fast and easy.

START LEARNING WORDS WITH THE POWERFUL METHODS!

BEST

Part 2

It's a completely new way to learn foreign language vocabulary fast and easy.

베스트 단어

스페인어 품사별 베스트 단어

P2

p2-1-39 **mostrar**
[모스뜨라르] 보여주다 불규칙동사 (**o > ue**)

p2-1-40 **pensar**
[뻰사르] 생각하다 불규칙동사 (**e > ie**)

p2-1-41 **saber**
[사베르] 알다 불규칙동사

p2-1-42 **venir**
[베니르] 오다 불규칙동사

p2-1-43 **ver**
[베르] 보다 불규칙동사

3) 스페인어 준조동사 베스트 6 단어

'준조동사'란 동사가 가진 본래의 뜻을 떠나 조동사적으로 쓰인 동사를 말합니다. 동사의 원형과 결합하여 말의 뉘앙스를 좀 더 구체적으로 살려주는 것이 바로 준조동사입니다. 영어의 **can**, **must**, **will**, **shall** 등과 똑같은 것입니다. 준조동사 역시 동사의 일종이기 때문에 인칭에 따른 동사의 어미변화를 합니다. 스페인어 준조동사는 다음의 6가지가 대표적입니다.
(**Inf.** 는 동사원형(**infinitivo**)의 줄임말입니다.)

p2-1-44
poder + inf.
[뽀데르] ~할 수 있다

p2-1-45
deber + inf.
[데베르] ~해야만 한다

p2-1-46
querer + inf.
[께레르] ~하고 싶다

p2-1-47
ir + a + inf.
[이르] ~ 할 예정이다

p2-1-48
saber + inf.
[사베르] ~할 줄 안다

p2-1-49
Me gusta + inf.
[메 구스따] 나는 ~하는 것을 좋아한다

스페인어 준조동사 역시 다른 동사와 마찬가지로 '어간+어미'로 구성되어 있으며, 인칭에 따라 모양이 변합니다.
(스페인어 준조동사의 인칭별 어미변화표는 특별 부록 2. 에 마련되어 있습니다.)

준조동사는 지금까지 여러분이 알게 된 스페인어 동사표현을 단박에 6배로 확장시켜주는 진정한 도우미 동사입니다.

2. 스페인어 명사 베스트 40 단어

스페인어의 모든 명사는 '남성' 또는 '여성'의 성별이 있습니다.
그리고 단수/복수로 수를 나타낼 수 있습니다.
그래서 스페인어의 명사는 부정관사/정관사 그리고 형용사와 밀접한 관계를 가집니다. 명사의 성수 정보를 관사와 형용사가 알려주기 때문이죠.
(명사와 형용사의 관계는 '3. 스페인어 형용사 베스트 40 단어'에서 자세히 설명드리겠습니다.)

명사의 성 구분과 관련해서 절대적인 규칙이 있는 것이 아니어서 그때그때 암기 하는 것이 가장 좋은 방법입니다. 다만 기본적으로 '자연성'을 따르기 때문에 '아버지는 남성명사, 어머니는 여성명사 …' 하는 식으로 예측이 가능하며, **-a,-ra,-ad, -ión,-umbre** 등과 같은 어미로 끝나면 대부분 '여성명사'임을 알 수 있습니다.

일상생활에서 가장 자주 만나는 가족/친지 관련 명사 베스트 40가지를 준비했습니다.
Él es mi ~. [엘 에스 미 ~.] (그는 나의 ~이다.),
Elle es mi ~. [에야 에스 미 ~.] (그녀는 나의 ~이다.) 처럼 활용하시면 됩니다.

(**mi** [미] (나의)는 '소유형용사'입니다.)

Él es mi padre.
[엘 에스 미 빠드레.]
그는 나의 아버지이다.

Ella es mi madre.
[에야 에스 미 마드레.]
그녀는 나의 어머니이다.

It's a completely new way to learn foreign language vocabulary fast and easy.

START LEARNING WORDS WITH THE POWERFUL METHODS!

일상생활에서 가장 자주 만나는 가족/친지 관련 명사
베스트 40 단어를 준비했습니다. (**pl** 은 복수형을 말합니다.)

p2-2-01 **la familia**
[라 파밀리아] 가족

p2-2-02 **el miembro de la familia**
[엘 미엠브로 데 라 파밀리아] 가족구성원

p2-2-03 **el padre**
[엘 빠드레] 아버지

p2-2-04 **la madre**
[라 마드레] 어머니

p2-2-05 **el papá**
[엘 빠빠] 아빠

p2-2-06 **la mamá**
[라 마마]] 엄마

p2-2-07 **el hijo**
[엘 이호] 아들

p2-2-08 **la hija**
[라 이하] 딸

p2-2-09 **el hermano**
[엘 에르마노] 형/오빠

p2-2-10 **la hermana**
[라 에르마나] 누나/여동생

It's a completely new way to learn foreign language vocabulary fast and easy.

START LEARNING WORDS WITH THE POWERFUL METHODS!

BEST

Part 2

It's a completely new way to learn foreign language vocabulary fast and easy.

베스트 단어

스페인어 품사별 베스트 단어

P2

p2-2-11
el abuelo
[엘 아부엘로] 할아버지

p2-2-12
la abuela
[라 아부엘라] 할머니

p2-2-13
el abuelito
[엘 아부엘리또] 할아버지 (애칭)

p2-2-14
la abuelita
[라 아부엘리따] 할머니 (애칭)

p2-2-15
los padres (pl)
[로스 빠드레스] 부모

p2-2-16
los abuelos (pl)
[로스 아부엘로스] 조부모

p2-2-17
el nieto
[엘 니에또] 손자

p2-2-18
la nieta
[라 니에따] 손녀

p2-2-19
el suegro
[엘 수에그로] 시아버지

p2-2-20
la suegra
[라 수에그라] 시어머니

일상생활에서 가장 자주 만나는 가족/친지 관련 명사
베스트 40 단어를 준비했습니다.

p2-2-21
el tío
[엘 띠오] 고모부/이모부/아저씨

p2-2-22
la tía
[라 띠아] 고모/이모/아주머니

p2-2-23
el primo
[엘 쁘리모] 사촌형제

p2-2-24
la prima
[라 쁘리마] 사촌자매

p2-2-25
el cuñado
[엘 꾸냐도] 형부/처남

p2-2-26
la cuñada
[라 꾸냐다] 처제/처형

p2-2-27
el yerno
[엘 예르노] 사위

p2-2-28
la nuera
[라 누에라] 며느리

p2-2-29
el marido
[엘 마리도] 남편

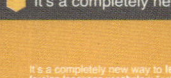

p2-2-30
la mujer
[라 무헤르] 부인

It's a completely new way to learn foreign language vocabulary fast and easy.

START LEARNING WORDS WITH THE POWERFUL METHODS!

BEST

Part 2

It's a completely new way to learn foreign language vocabulary fast and easy.

베스트 단어

스페인어 품사별 베스트 단어

P2

p2-2-31 **el adulto**
[엘 아둘또] 남자 성인

p2-2-32 **la adulta**
[라 아둘따] 여자 성인

p2-2-33 **el muchacho**
[엘 무차초] 소년

p2-2-34 **la muchacha**
[라 무차차] 소녀

p2-2-35 **el niño**
[엘 니뇨] 남자 아이

p2-2-36 **la niña**
[라 니냐] 여자 아이

p2-2-37 **el amigo**
[엘 아미고] 남자 친구

p2-2-38 **la amiga**
[라 아미가] 여자 친구

p2-2-39 **el novio**
[엘 노비오] 남자 친구

p2-2-40 **la novia**
[라 노비아] 여성 친구

● 이후부터는 정관사의 우리말 발음토를 생략하겠습니다.

It's a completely new way to **learn foreign language vocabulary** fast and easy.
START LEARNING WORDS WITH THE POWERFUL METHODS!

3. 스페인어 형용사 베스트 40 단어

형용사를 많이 안다는 것은
여러분의 스페인어가 그만큼 화려하고 수려하다는 뜻입니다.
스페인어 '말빨'은 스페인어 형용사에 달려있다고 봐도 됩니다.

형용사는 명사와 대명사를 꾸며주는 품사입니다.
스페인어 형용사는 명사와 대명사의 성과 수에 맞춰 함께 변화하는
매우 독특한 성격을 가지고 있습니다.
그러니까 하나의 스페인어 형용사는 기본적으로 남/녀,
그리고 각각의 복수형까지 모두 4가지 형태를 가지고 있습니다.

스페인어 형용사의 기본형은 남성 단수형입니다.
여성형은 기본적으로 남성형 어미에 **-o** 를 **-a** 로 바꿔주면 되고,
-e 또는 -자음으로 끝나는 형용사는 남성, 여성형이 같습니다.

복수형은 모음으로 끝나는 단어에는 **-s** 를,
자음으로 끝나는 단어에는 **-es** 를 붙여 만듭니다.
하지만 여러 변형들이 있기 때문에 하나의 형용사를 만나면
반드시 여성형과 복수형을 함께 기억해 두시는 것이 편리합니다.

이와 같이 스페인어 형용사는 명사와 대명사에 대한 정보를
고스란히 반영하고 있습니다.

It's a completely new way to learn foreign language vocabulary fast and easy.

START LEARNING WORDS WITH THE POWERFUL METHODS!

BEST

Part 2

It's a completely new way to learn foreign language vocabulary fast and easy.

베스트 단어

스페인어 품사별 베스트 단어

P2

그리고 스페인어 형용사는 영어와 달리 기본적으로 명사의 뒤에 놓입니다.
특히 '색깔/형태/국적' 등을 나타내는 형용사는 반드시 명사 뒤에 위치한다는 사실도 기억해 주십시오.
하지만 음절이 짧고 자주 쓰이는 형용사는 명사 앞에 놓이기도 합니다.

자! 그러면 가장 잘나간다는 스페인어 형용사 베스트 40 단어를 소개해드리겠습니다.
짝을 지어 상대 개념으로 기억하면 보다 더 효과적으로 학습이 되실 것입니다.

그리고 슬래쉬(/)를 표시해서 여성형을 구분하였습니다.
-o 로 끝나면 남성형이고, 어미 **-o** 를 **-a** 로 바꿔주면 여성형이 됩니다.
따로 표시하지 않은 단어들은 남성, 여성형이 동일한 경우입니다.

It's a completely new way to **learn foreign language vocabulary** fast and easy.

START LEARNING WORDS WITH THE POWERFUL METHODS!

스페인어 형용사 베스트 40 단어를 소개해드리겠습니다.

p2-3-01 **largo/-a**
[라르고/가] 긴

p2-3-02 **corto/-a**
[꼬르또/따] 짧은

p2-3-03 **nuevo/-a**
[누에보/바] 새로운

p2-3-04 **viejo/-a**
[비에호/하] 낡은/오래된

p2-3-05 **alto/-a**
[알또/따] 높은

p2-3-06 **bajo/-a**
[바호/하] 낮은

p2-3-07 **ancho/-a**
[안초/차] 넓은

p2-3-08 **estrecho/-a**
[에스뜨레초/차] 좁은

p2-3-09 **redondo/-a**
[레돈도/다] 둥근

p2-3-10 **rectangular**
[렉땅굴라르] 네모난

It's a completely new way to learn foreign language vocabulary fast and easy.

START LEARNING WORDS WITH THE POWERFUL METHODS!

BEST

Part 2

It's a completely new way to learn foreign language vocabulary fast and easy

베스트 단어

스페인어 품사별 베스트 단어

P2

p2-3-11 **feliz** [펠리스] 행복한

p2-3-12 **infeliz** [인펠리스] 불행한

p2-3-13 **fuerte** [푸에르떼] 강한

p2-3-14 **débil** [데빌] 약한

p2-3-15 **pesado/-a** [뻬사도/다] 어려운/무거운

p2-3-16 **ligero/-a** [리헤로/라] 쉬운/가벼운

p2-3-17 **limpio/-a** [림삐오/아] 깨끗한

p2-3-18 **sucio/-a** [수씨오/아] 더러운

p2-3-19 **inteligente** [인뗄리헨떼] 똑똑한

p2-3-20 **estúpido/-a** [에스뚜삐도/다] 멍청한

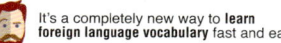

It's a completely new way to learn foreign language vocabulary fast and easy.

START LEARNING WORDS WITH THE POWERFUL METHODS!

스페인어 형용사 베스트 40 단어를 소개해드리겠습니다.

p2-3-21 **cómodo/-a** [꼬모도/다] 편안한/안락한	p2-3-22 **peligroso/-a** [뻴리그로소/사] 위험한
p2-3-23 **vacío/-a** [바씨오/아] 빈	p2-3-24 **lleno/-a** [예노/나] 가득한
p2-3-25 **claro/-a** [끌라로/라] 밝은/명백한	p2-3-26 **oscuro/-a** [오스꾸로/라] 어두운/암담한
p2-3-27 **útil** [우띨] 유용한	p2-3-28 **inútil** [이누띨] 무용한
p2-3-29 **válido/-a** [발리도/다] 유효한	p2-3-30 **inválido/-a** [인발리도/다] 무효의

It's a completely new way to learn foreign language vocabulary fast and easy.

START LEARNING WORDS WITH THE POWERFUL METHODS!

BEST

Part 2

It's a completely new way to learn foreign language vocabulary fast and easy.

베스트 단어

스페인어 품사별 베스트 단어

P2

p2-3-31 **caro/-a** [까로/라] 비싼	p2-3-32 **barato/-a** [바라또/따] 싼
p2-3-33 **rápido/-a** [라삐도/다] 빠른	p2-3-34 **lento/-a** [렌또/따] 느린
p2-3-35 **grande** [그란데] 큰	p2-3-36 **pequeño/-a** [뻬께뇨/냐] 작은
p2-3-37 **correcto/-a** [꼬렉또/따] 옳은	p2-3-38 **incorrecto/-a** [인꼬렉또/따] 틀린
p2-3-39 **diligente** [딜리헨떼] 부지런한	p2-3-40 **perezoso/-a** [뻬레쏘소/사] 게으른

The vocabularies, the most frequently used words will be with you!

You'll get most frequently used vocabularies.

Conquer them all!

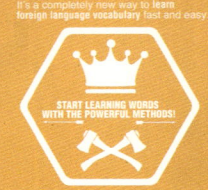

4. 스페인어 부사 베스트 20 단어

부사란 기본적으로 동사를 수식하거나 다른 부사나 형용사를 수식하는 품사입니다.
스페인어 부사는 태생부터 부사인 것도 있지만 형용사의 여성형에
특정 어미인 **-mente** 를 붙여 만들기도 합니다.
마치 영어의 부사가 대부분 **-ly** 로 끝나는 것과 유사합니다.

스페인어 부사는 의미로는 시간부사(지금/나중에), 장소부사(여기/저기),
수량부사(많이/적게) 등으로 구분할 수 있고,
문장 성분상으로는 의문부사, 접속부사 등으로 다양하게 구분할 수 있습니다.

스페인어 부사는 잘 발달되어 있는 편이고,
특히나 우리말의 부사 어감과 유사한 부분이 많아서
보다 친숙하게 학습이 가능합니다.
우리말 부사를 스페인어로는 어떻게 표현해야 하는지에 대한 염려가
그만큼 사라진다고 볼 수 있습니다.

자! 약방의 감초처럼 언제 어디서든 등장하는
대박 스페인어 부사 베스트 20 단어를 소개해드리겠습니다.
상대 개념을 짝꿍으로 기억해두시면 보다 효과적으로 학습하실 수 있을 것입니다.

It's a completely new way to learn foreign language vocabulary fast and easy.

START LEARNING WORDS WITH THE POWERFUL METHODS!

BEST

Part 2

It's a completely new way to learn foreign language vocabulary fast and easy.

베스트 단어

스페인어 품사별 베스트 단어

P2

스페인어 부사 베스트 20 단어를 소개해드리겠습니다.

p2-4-01 **aquí**
[아끼] 여기

p2-4-02 **allí**
[아이] 저기

p2-4-03 **ya**
[야] 이미

p2-4-04 **inmediatamente**
[인메디아따멘떼] 즉시

p2-4-05 **siempre**
[시엠쁘레] 언제나

p2-4-06 **frecuentemente**
[프레꾸엔떼멘떼] 자주

p2-4-07 **casi**
[까시] 거의

p2-4-08 **nunca**
[눈까] 결코 ~ 아니다

p2-4-09 **bien**
[비엔] 잘/매우

p2-4-10 **mal**
[말] 나쁘게

The vocabularies, the most frequently used words will be with you!

You'll get most frequently used vocabularies.

It's a completely new way to **learn foreign language vocabulary** fast and easy.

START LEARNING WORDS WITH THE POWERFUL METHODS!

스페인어 부사 베스트 20 단어를 소개해드리겠습니다.

p2-4-11 **muy**
[무이] 매우

p2-4-12 **más**
[마스] 더욱

p2-4-13 **menos**
[메노스] 덜

p2-4-14 **demasiado**
[데마시아도] 너무

p2-4-15 **especialmente**
[에스뻬씨알멘떼] 특별히

p2-4-16 **considerablemente**
[꼰시데라블레멘떼] 상당히

p2-4-17 **quizá**
[끼싸] 아마도

p2-4-18 **probablemente**
[쁘로바블레멘떼] 다분히/아마도

p2-4-19 **verdaderamente**
[베르다데라멘떼] 정말로

p2-4-20 **recientemente**
[레씨엔떼멘떼] 최근에

5. 스페인어 의문사 베스트 10 단어

스페인어 의문사, 여러분의 모든 궁금증을 해결해 주는 중요한 단어들입니다.
의문사가 있는 의문문의 어순은 '의문사 + 동사 + 주어 …?'입니다.
스페인어의 의문사는 의문대명사, 의문형용사 그리고 의문부사 등으로 나눌 수 있습니다.

p2-5-01 **quién**
[끼엔] 누가

p2-5-02 **cuándo**
[꾸안도] 언제

p2-5-03 **dónde**
[돈데] 어디

p2-5-04 **qué**
[께] 무엇이/무엇을

p2-5-05 **cómo**
[꼬모] 어떻게

p2-5-06 **por qué**
[뽀르 께] 왜

p2-5-07 **cuánto**
[꾸안또] 얼마나

p2-5-08 **adónde**
[아돈데] 어디로

p2-5-09 **de dónde**
[데 돈데] ~로부터

p2-5-10 **cuál**
[꾸알] 어느 것

6. 스페인어 전치사 베스트 30 단어

스페인어 전치사는 대부분 짧은 음절로 이루어져 있고
기본적으로 형태가 변화하지 않습니다.

스페인어 전치사는 종류도 많고 의미도 다양하여
문장 내에서 큰 역할을 하고 있는 문장 성분입니다.
전치사는 문장의 방향을 바꿀 수 있는 중요한 요소입니다.

참고로 스페인어 전치사 중 사용 빈도가 가장 많은 전치사 **a** [아]와 **de** [데]는
정관사의 남성 단수형 **el** 을 만나면 하나의 단어로 축약이 됩니다.
이것을 '관사의 축약'이라고 합니다.
그러나 정관사의 여성 단수 **la** 는 변하지 않습니다.
스페인어에서 관사의 축약은 선택이 아니라 필수사항입니다.
꼭 기억해주십시오.

a + el > al
[알]

de + el > del
[델]

It's a completely new way to learn foreign language vocabulary fast and easy.

START LEARNING WORDS WITH THE POWERFUL METHODS!

BEST

Part 2

It's a completely new way to learn foreign language vocabulary fast and easy.

베스트 단어

스페인어 품사별 베스트 단어

P2

스페인어의 대표적 전치사 베스트 30 단어를 소개해드리겠습니다.

p2-6-01 **a**
[아] ~로/~에게

p2-6-02 **para**
[빠라] ~를 위해/~를 향해

p2-6-03 **por**
[뽀르] ~에 의해

p2-6-04 **de**
[데] ~의/~부터

p2-6-05 **con**
[꼰] ~와 함께/~를 가지고

p2-6-06 **sin**
[신] ~ 없이

p2-6-07 **en**
[엔] ~안에/~(기간) 내에

p2-6-08 **desde**
[데스데] ~로부터

p2-6-09 **hacia**
[아씨아] ~쪽으로

p2-6-10 **hace**
[아쎄] ~ (기간) 전에

It's a completely new way to **learn foreign language vocabulary** fast and easy.

START LEARNING WORDS WITH THE POWERFUL METHODS!

스페인어의 대표적 전치사 베스트 30 단어를 소개해드리겠습니다.

p2-6-11 **antes de**
[안떼스 데] ~ 전에

p2-6-12 **después de**
[데스뿌에스 데] ~ 후에

p2-6-13 **según**
[세군] ~에 따라

p2-6-14 **contra**
[꼰뜨라] ~에 반하여

p2-6-15 **sobre**
[소브레] ~에 대해/~위에

p2-6-16 **durante**
[두란떼] ~(기간) 동안

p2-6-17 **hasta**
[아스따] ~까지

p2-6-18 **excepto**
[엑쌥또] ~ 를 제외하고

p2-6-19 **salvo**
[살보] ~를 제외하고

p2-6-20 **incluso**
[인끌루소] ~까지도/~조차

It's a completely new way to learn foreign language vocabulary fast and easy.

START LEARNING WORDS WITH THE POWERFUL METHODS!

BEST

Part 2

It's a completely new way to learn foreign language vocabulary fast and easy.

베스트 단어

스페인어 품사별 베스트 단어

P2

p2-6-21 **encima de**
[엔씨마 데] ~ 위에

p2-6-22 **debajo de**
[데바호 데] ~ 아래에

p2-6-23 **delante de**
[델란떼 데] ~ 앞에

p2-6-24 **detrás de**
[데뜨라스 데] ~ 뒤에

p2-6-25 **entre A y B**
[엔뜨레 아 이 베] A와 B사이에

p2-6-26 **al lado de**
[알 라도 데] ~ 옆에

p2-6-27 **a la derecha de**
[아 라 데레차 데] ~ 오른쪽에

p2-6-28 **a la izquierda de**
[아 라 이쓰끼에르다 데] ~ 왼쪽에

p2-6-29 **cerca de**
[쎄르까 데] ~ 가까이

p2-6-30 **lejos de**
[레호스 데] ~ 멀리

7. 스페인어 접속사 베스트 20 단어

여러분의 스페인어를 길게 만들어 줄 접속사를 소개합니다.
스페인어 접속사는 '등위접속사'와 '종속접속사'로 나눌 수 있습니다.
등위접속사는 '구와 절 또는 문장을 좌우 대등하게 연결하는 문장 성분을 말하며,
종속접속사는 주절의 내용을 보완하는, 주절에 속한 절을 연결하는 성분을 말합니다.

1) 스페인어 등위접속사

가장 중요하고, 가장 많이 사용하는 접속사를 선별해서 설명해 드리겠습니다.

p2-7-01 **y**
[이] 그리고

p2-7-02 **e**
[에] 그리고

(**i** 나 **hi** 로 시작되는 단어 앞)

p2-7-03 **ni**
[니] ~도 아니다

p2-7-04 **o**
[오] 또는/혹은

p2-7-05 **pero**
[뻬로] 그러나

p2-7-06 **sino**
[시노] ~가 아니라 ~이다

2) 스페인어 종속접속사

종속접속사는 문장의 흐름에 결정적 역할을 하는 연결고리입니다.
스페인어에서 가장 중요한 접속사 **que** [께]는 영어의 **that** 처럼
주어나 목적어 역할을 하는 종속절을 연결합니다.

또한 스페인어의 종속 접속사 중 다수는 전치사, 부사 등이
que 에 붙은 형태입니다.

p2-7-07 **que**
[께] ~하는 것은

p2-7-08 **porque**
[뽀르께] ~이기 때문에

p2-7-09 **si**
[시] 만약에/~인지 아닌지

p2-7-10 **como**
[꼬모] ~때문에/~라면

p2-7-11 **como si**
[꼬모 시] 마치~인 것처럼

p2-7-12 **cuando**
[꾸안도] ~할 때

It's a completely new way to **learn foreign language vocabulary** fast and easy.

START LEARNING WORDS WITH THE POWERFUL METHODS!

스페인어 종속접속사를 소개해드리겠습니다.

p2-7-13
mientras que
[미엔뜨라스 께] 반면에

p2-7-14
aunque
[아운께] ~에도 불구하고

p2-7-15
para que
[빠라 께] ~하도록

p2-7-16
en cuanto
[엔 꾸안또] ~하자마자

p2-7-17
desde que
[데스데 께] ~한 이래

p2-7-18
hasta que
[아스따 께] ~할 때까지

p2-7-19
antes de que
[안떼스 데 께] ~하기 전에

p2-7-20
después de que
[데스뿌에스 데 께] ~한 이후로

Hablo español.

It's a completely new way to learn foreign language vocabulary fast and easy.

START LEARNING WORDS WITH THE POWERFUL METHODS!

8. 스페인어 의성어 베스트 20 단어

스페인어의 의성어를 소개합니다. 살펴보시면 표현 방식이 꽤 재미있습니다.
스페인어 의성어 베스트 20 단어를 정리했습니다.

p2-8-01
ding dong
[딩 동] 딩동

p2-8-02
cof cof
[꼬프 꼬프] 콜록콜록

p2-8-03
¡Achís!
[아치스!] 엣취!

p2-8-04
¡Bum!
[붐!] 쾅!

p2-8-05
kikiriki
[끼끼리끼] 꼬끼오

p2-8-06
glu glu
[글루 글루] 꿀꺽꿀꺽

p2-8-07
crac
[끄락] 딱 / 우지끈

p2-8-08
cucú cucú
[꾸꾸 꾸꾸] 뻐꾹

p2-8-09
jajaja
[하하하] 하하하 (웃음소리)

p2-8-10
uff~
[우프~] 휴~

It's a completely new way to learn foreign language vocabulary fast and easy.

START LEARNING WORDS WITH THE POWERFUL METHODS!

BEST

Part 2

It's a completely new way to learn foreign language vocabulary fast and easy.

베스트 단어

스페인어 품사별 베스트 단어

P2

p2-8-11 **¡Shhh!** [쉬!] 쉿!

p2-8-12 **buaa** [부아] 으앙

p2-8-13 **tic tac** [틱 딱] 똑딱

p2-8-14 **muah** [무아] 쪽

p2-8-15 **guau guau** [구아우 구아우] 멍멍

p2-8-16 **miau miau** [미아우 미아우] 야옹야옹

p2-8-17 **pio pio** [삐오 삐오] 짹짹

p2-8-18 **cua cua** [꾸아 꾸아] 꽥꽥

p2-8-19 **oink oink** [오잉끄 오잉끄] 꿕꿕

p2-8-20 **toc toc** [똑 똑] 똑똑

It's a completely new way to learn foreign language vocabulary fast and easy.
START LEARNING WORDS WITH THE POWERFUL METHODS!

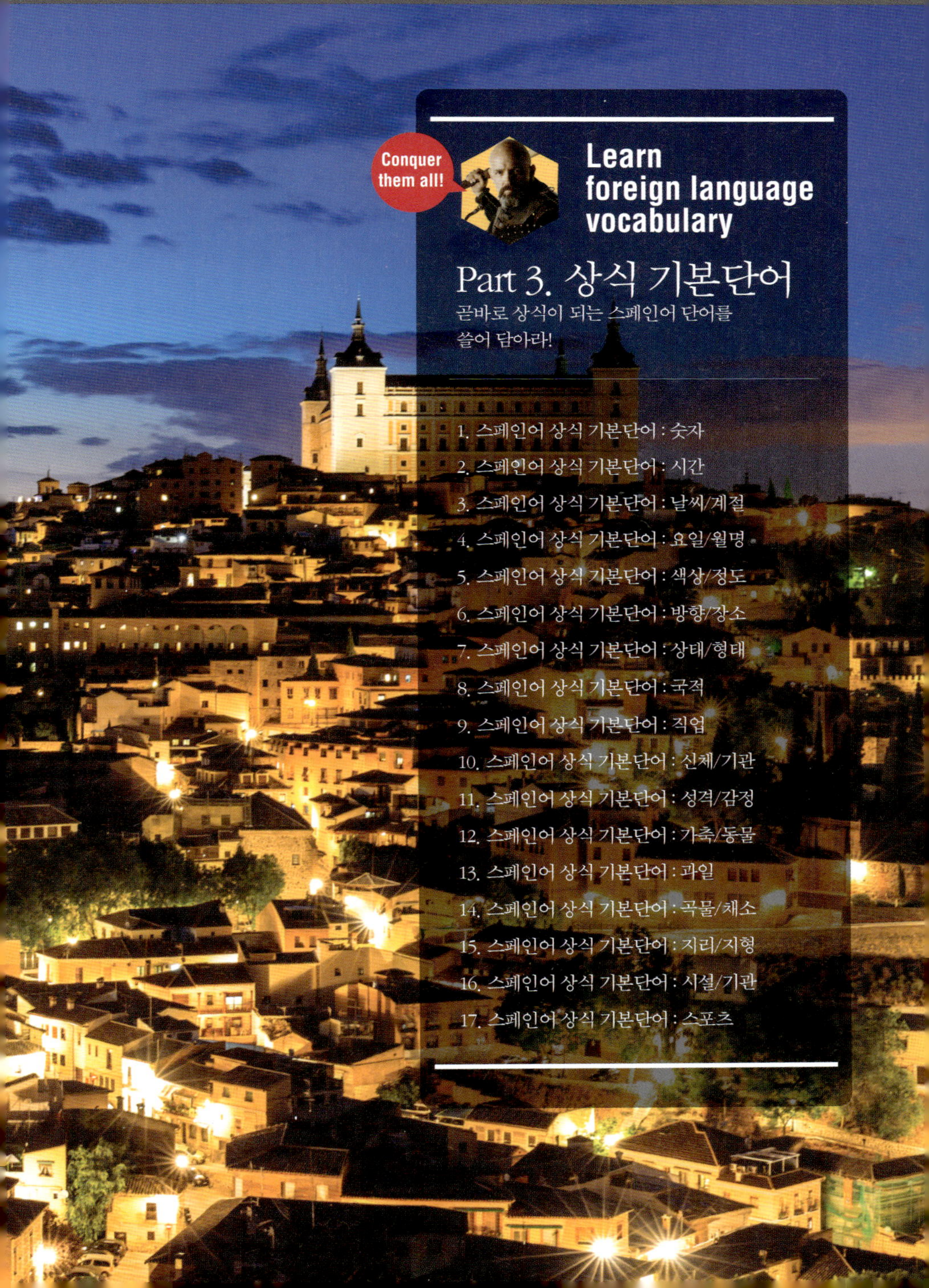

Conquer them all!

Learn foreign language vocabulary

Part 3. 상식 기본단어

곧바로 상식이 되는 스페인어 단어를
쓸어 담아라!

Part 3. 상식 기본단어

곧바로 상식이 되는 스페인어 단어를 쓸어 담아라!

스페인어를 공부하고 말하는데 상식이 되는 기본단어들을 모아 정리했습니다.
조만간 여러분께서 스페인 생활을 시작해야 한다면
가장 우선 순위의 단어들이 되겠습니다.

스페인어 상식 기본단어들을 이용하여 다음의 기본문형으로
문장을 완성할 수 있습니다.
'뭐뭐' 부분에 단어를 넣어 활용해 보시면 스페인어 문장력과 회화능력을
확장시킬 수 있습니다.

예문패턴 1.
'뭐뭐' 부분에는 '이름/직업/국적' 등을 넣을 수 있습니다.

Yo soy 뭐뭐.
[요 소이 뭐뭐.] 나는 뭐뭐이다.

¿Eres tú 뭐뭐?
[에레스 뚜 뭐뭐?] 너는 뭐뭐이니?

Esto es 뭐뭐.
[에스또 에스 뭐뭐.] 이것은 뭐뭐이다.

예문패턴 2.

Está 뭐뭐. 는 영어의 **It is ~.** 와 같습니다. 그래서 **Está** 뒤에 형용사만 붙여주면 '(상태가) ~하다'의 문장을 만들 수 있습니다. 아울러 날씨/계절/감정 등의 일시적 상태를 표현할 수도 있습니다. '뭐뭐' 부분에 해당 단어를 넣어 활용하시면 됩니다.

Está 뭐뭐.

[에스따 뭐뭐.] 그것은 뭐뭐하다.

예문패턴 3.

패턴 1/2의 질문으로는 다음의 예문을 활용할 수 있습니다.
의문문 문장을 이용하면 훌륭한 'A:B 대화문'을 만들어낼 수 있습니다.

¿Qué es eso?

[께 에스 에소?] 그것은 무엇입니까?

¿Cómo es eso?

[꼬모 에스 에소?] 그것은 어떻습니까?

자! 그러면 스페인어 상식이 되는 기본단어, 시작해 볼까요~!

It's a completely new way to learn foreign language vocabulary fast and easy.

START LEARNING WORDS WITH THE POWERFUL METHODS!

Learn foreign language vocabulary
SPANISH

1. 스페인어 상식 기본단어 : 숫자

스페인어의 상식이 되는 기본단어, 숫자를 정리했습니다.

p3-01-01 **el número**
[누메로] 수/숫자

p3-01-02 **0 cero**
[쎄로]

p3-01-03 **1 uno**
[우노]

p3-01-04 **2 dos**
[도스]

p3-01-05 **3 tres**
[뜨레스]

p3-01-06 **4 cuatro**
[꾸아뜨로]

p3-01-07 **5 cinco**
[씽꼬]

p3-01-08 **6 seis**
[세이스]

p3-01-09 **7 siete**
[시에떼]

p3-01-10 **8 ocho**
[오초]

It's a completely new way to learn foreign language vocabulary fast and easy.

START LEARNING WORDS WITH THE POWERFUL METHODS!

BASIC

Part 3

It's a completely new way to learn foreign language vocabulary fast and easy.

상식 기본단어

스페인어 상식 기본단어

P3

p3-01-11 **9 nueve** [누에베]

p3-01-12 **10 diez** [디에스]

p3-01-13 **11 once** [온쎄]

p3-01-14 **12 doce** [도쎄]

p3-01-15 **13 trece** [뜨레쎄]

p3-01-16 **14 catorce** [까또르쎄]

p3-01-17 **15 quince** [낀쎄]

p3-01-18 **16 dieciséis** [디에씨세이스]

p3-01-19 **17 diecisiete** [디에씨시에떼]

p3-01-20 **18 dieciocho** [디에씨오초]

The vocabularies, the most frequently used words will be with you!

You'll get most frequently used vocabularies.

It's a completely new way to learn foreign language vocabulary fast and easy.

START LEARNING WORDS WITH THE POWERFUL METHODS!

Learn foreign language vocabulary

SPANISH

스페인어의 상식이 되는 기본단어, 숫자 19~1백만까지 정리했습니다.

p3-01-21 **19 diecinueve** [디에씨누에베]

p3-01-22 **20 veinte** [베인떼]

p3-01-23 **30 treinta** [뜨레인따]

p3-01-24 **40 cuarenta** [꾸아렌따]

p3-01-25 **50 cincuenta** [씽꾸엔따]

p3-01-26 **60 sesenta** [세쎈따]

p3-01-27 **70 setenta** [세뗀따]

p3-01-28 **80 ochenta** [오첸따]

p3-01-29 **90 noventa** [노벤따]

p3-01-30 **100 cien** [씨엔]

p3-01-31 **1.000 mil** [밀]

p3-01-32 **10.000 diez mil** [디에스 밀]

p3-01-33 **100.000 cien mil** [씨엔 밀]

p3-01-34 **1.000.000 millón** [미욘]

It's a completely new way to learn foreign language vocabulary fast and easy.

START LEARNING WORDS WITH THE POWERFUL METHODS!

2. 스페인어 상식 기본단어 : 시간

스페인어의 상식이 되는 기본단어, 시간 표현을 정리했습니다.

p3-02-01 **la mañana**
[마냐나] 오전/아침

p3-02-02 **la tarde**
[따르데] 오후/저녁

p3-02-03 **la noche**
[노체] 밤

p3-02-04 **la madrugada**
[마드루가다] 새벽

p3-02-05 **el día**
[디아] 낮/하루

p3-02-06 **la semana**
[세마나] 주

p3-02-07 **el mes**
[메스] 월

p3-02-08 **el año**
[아뇨] 년/해

p3-02-09 **el mediodía**
[메디오디아] 정오

p3-02-10 **la medianoche**
[메디아노체] 자정

Part 3

상식 기본단어

스페인어 상식 기본단어

p3-02-11 **ayer**
[아예르] 어제

p3-02-12 **hoy**
[오이] 오늘

p3-02-13 **mañana**
[마냐나] 내일

p3-02-14 **pasado mañana**
[빠사도 마냐나] 모레

p3-02-15 **siempre**
[시엠쁘레] 항상

p3-02-16 **estos días**
[에스또스 디아스] 요즘

p3-02-17 **temprano**
[뗌쁘라노] 일찍

p3-02-18 **tarde**
[따르데] 늦게

p3-02-19 **ahora**
[아오라] 지금

p3-02-20 **ahora mismo**
[아오라 미스모] 즉시

3. 스페인어 상식 기본단어 : 날씨/계절

스페인어의 상식이 되는 기본단어, 날씨와 계절 표현을 정리했습니다.

p3-03-01 **el tiempo**
[띠엠뽀] 날씨

p3-03-02 **el clima**
[끌리마] 기후

p3-03-03 **el pronóstico del tiempo**
[쁘로노스띠꼬 델 띠엠뽀] 기상예보

p3-03-04 **la temperatura**
[뗌뻬라뚜라] 온도/도

p3-03-05 **el sol**
[솔] 태양

p3-03-06 **el viento**
[비엔또] 바람

p3-03-07 **el cielo**
[씨엘로] 하늘

p3-03-08 **la nube**
[누베] 구름

p3-03-09 **la lluvia**
[유비아] 비

p3-03-10 **la nieve**
[니에베] 눈

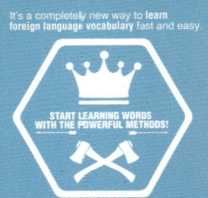

It's a completely new way to learn foreign language vocabulary fast and easy.

START LEARNING WORDS WITH THE POWERFUL METHODS!

BASIC

Part 3

It's a completely new way to learn foreign language vocabulary fast and easy.

상식 기본단어

스페인어 상식 기본단어

P3

p3-03-11 **el frío**
[프리오] 추위

p3-03-12 **el calor**
[깔로르] 더위

p3-03-13 **la tormenta**
[또르멘따] 태풍

p3-03-14 **el huracán**
[우라깐] 폭풍

p3-03-15 **el granizo**
[그라니쏘] 우박

p3-03-16 **el arco iris**
[아르꼬 이리스] 무지개

p3-03-17 **la bruma**
[브루마] 아지랑이

p3-03-18 **el hielo**
[이엘로] 얼음

p3-03-19 **la niebla**
[니에블라] 안개

p3-03-20 **la estación**
[에스따씨온] 계절

It's a completely new way to **learn**
foreign language vocabulary fast and easy.

START LEARNING WORDS
WITH THE POWERFUL METHODS!

스페인어의 상식이 되는 기본단어, 날씨와 계절 표현을 정리했습니다.

p3-03-21
la primavera
[쁘리마베라] 봄

p3-03-22
el verano
[베라노] 여름

p3-03-23
el otoño
[오또뇨] 가을

p3-03-24
el invierno
[인비에르노] 겨울

p3-03-25
llover
[요베르] 비가 오다

p3-03-26
nevar
[네바르] 눈이 오다

p3-03-27
relampaguear
[렐람빠게아르] 번개가 치다

p3-03-28
tronar
[뜨로나르] 천둥이 치다

p3-03-29
despejado/-a
[데스뻬하도/다] 맑게 갠

p3-03-30
nublado/-a
[누블라도/다] 구름 낀

It's a completely new way to learn foreign language vocabulary fast and easy.

START LEARNING WORDS WITH THE POWERFUL METHODS!

BASIC

Part 3

It's a completely new way to learn foreign language vocabulary fast and easy.

상식 기본단어

스페인어 상식 기본단어

P3

p3-03-31 **fresco/-a**
[프레스꼬/까] 선선한

p3-03-32 **oscuro/-a**
[오스꾸로/라] 어두운

p3-03-33 **seco/-a**
[세꼬/까] 건조한

p3-03-34 **húmedo/-a**
[우메도/다] 습한

p3-03-35 **caluroso/-a**
[깔루로소/사] 더운

p3-03-36 **frío/-a**
[프리오/아] 추운

p3-03-37 **templado/-a**
[뗌쁠라도/다] 따뜻한

p3-03-38 **sereno/-a**
[세레노/나] 청명한

p3-03-39 **buen tiempo**
[부엔 띠엠뽀] 좋은 날씨

p3-03-40 **mal tiempo**
[말 띠엠뽀] 나쁜 날씨

4. 스페인어 상식 기본단어 : 요일/월명

스페인어의 상식이 되는 기본단어, 요일명과 월명을 정리했습니다.

p3-04-01 **el lunes**
[루네스] 월요일

p3-04-02 **el martes**
[마르떼스] 화요일

p3-04-03 **el miércoles**
[미에르꼴레스] 수요일

p3-04-04 **el jueves**
[후에베스] 목요일

p3-04-05 **el viernes**
[비에르네스] 금요일

p3-04-06 **el sábado**
[사바도] 토요일

p3-04-07 **el domingo**
[도밍고] 일요일

p3-04-08 **el día**
[디아] 요일

p3-04-09 **el enero**
[에네로] 1월

p3-04-10 **el febrero**
[페브레로] 2월

It's a completely new way to learn **foreign language vocabulary** fast and easy.

START LEARNING WORDS WITH THE POWERFUL METHODS!

BASIC

Part 3

It's a completely new way to learn **foreign language vocabulary** fast and easy.

상식 기본단어

스페인어 상식 기본단어

P3

p3-04-11	**el marzo**	[마르쏘] 3월
p3-04-12	**el abril**	[아브릴] 4월
p3-04-13	**el mayo**	[마요] 5월
p3-04-14	**el junio**	[후니오] 6월
p3-04-15	**el julio**	[훌리오] 7월
p3-04-16	**el agosto**	[아고스또] 8월
p3-04-17	**el septiembre**	[셉띠엠브레] 9월
p3-04-18	**el octubre**	[옥뚜브레] 10월
p3-04-19	**el noviembre**	[노비엠브레] 11월
p3-04-20	**el diciembre**	[디씨엠브레] 12월

The vocabularies, the most frequently used words will **be with you!**

You'll get most frequently used **vocabularies.**

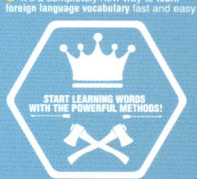

It's a completely new way to **learn foreign language vocabulary** fast and easy.

START LEARNING WORDS WITH THE POWERFUL METHODS!

Learn foreign language vocabulary
SPANISH

5. 스페인어 상식 기본단어 : 색상/정도

스페인어의 상식이 되는 기본단어, 색상과 정도 표현을 정리했습니다.

p3-05-01 **el color** [꼴로르] 색깔

p3-05-02 **blanco/-a** [블랑꼬/까] 흰

p3-05-03 **negro/-a** [네그로/라] 검은

p3-05-04 **gris** [그리스] 회색의

p3-05-05 **azul** [아쑬] 푸른

p3-05-06 **verde** [베르데] 초록의

p3-05-07 **rojo/-a** [로호/하] 빨간

p3-05-08 **amarillo/-a** [아마리요/야] 노란

p3-05-09 **marrón** [마론] 갈색의

p3-05-10 **violeta** [비올레따] 보라색의

p3-05-11	**muy**	[무이] 매우
p3-05-12	**un poco**	[운 뽀꼬] 조금/어느 정도
p3-05-13	**mucho**	[무초] 많이
p3-05-14	**poco**	[뽀꼬] 적게
p3-05-15	**más**	[마스] 더
p3-05-16	**menos**	[메노스] 덜
p3-05-17	**el máximo**	[막씨모] 최대
p3-05-18	**el mínimo**	[미니모] 최소
p3-05-19	**al menos**	[알 메노스] 적어도
p3-05-20	**la mayoría**	[마요리아] 대부분

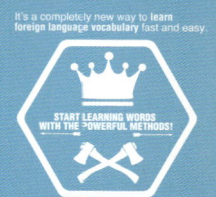

6. 스페인어 상식 기본단어 : 방향/장소

스페인어의 상식이 되는 기본단어, 방향과 장소 표현을 정리했습니다.

p3-06-01 **la dirección**
[디렉씨온] 방향

p3-06-02 **el lado**
[라도] 쪽

p3-06-03 **el este**
[에스떼] 동쪽

p3-06-04 **el oeste**
[오에스떼] 서쪽

p3-06-05 **el sur**
[수르] 남쪽

p3-06-06 **el norte**
[노르떼] 북쪽

p3-06-07 **la derecha**
[데레차] 오른쪽

p3-06-08 **la izquierda**
[이스끼에르다] 왼쪽

p3-06-09 **arriba**
[아리바] 위에

p3-06-10 **abajo**
[아바호] 아래에

Part 3

상식 기본단어

스페인어 상식 기본단어

p3-06-11 **el lugar**
[루가르] 장소

p3-06-12 **dónde**
[돈데] 어디

p3-06-13 **aquí**
[아끼] 여기

p3-06-14 **allí**
[아이] 저기

p3-06-15 **delante**
[델란떼] 앞에

p3-06-16 **detrás**
[데뜨라스] 뒤에

p3-06-17 **fuera**
[푸에라] 밖에

p3-06-18 **dentro**
[덴뜨로] 안에

p3-06-19 **lejos**
[레호스] 먼

p3-06-20 **cerca**
[쎄르까] 가까운

7. 스페인어 상식 기본단어 : 상태/형태

스페인어의 상식이 되는 기본단어, 상태와 형태 표현을 정리했습니다.
( )는 여성형입니다.

p3-07-01 **nuevo/-a**
[누에보/바] 새로운

p3-07-02 **antiguo/-a**
[안띠구오/아] 낡은

p3-07-03 **limpio/-a**
[림삐오/아] 깨끗한

p3-07-04 **sucio/-a**
[수씨오/아] 더러운

p3-07-05 **ordenado/-a**
[오르데나도/다] 정돈된

p3-07-06 **desordenado/-a**
[데스오르데나도/다] 정돈되지 않은

p3-07-07 **seco/-a**
[세꼬/까] 마른

p3-07-08 **mojado/-a**
[모하도/다] 젖은

p3-07-09 **transparente**
[뜨란스빠렌떼] 투명한

p3-07-10 **opaco/-a**
[오빠꼬/까] 불투명한

p3-07-11 **la forma**
[포르마] 형태

p3-07-12 **plano/-a**
[쁠라노/나] 평평한

p3-07-13 **redondo/-a**
[레돈도/다] 둥근

p3-07-14 **triangular**
[뜨리앙굴라르] 삼각형의

p3-07-15 **rectangular**
[렉땅굴라르] 사각형의

p3-07-16 **ovalado/-a**
[오발라도/다] 타원형의

p3-07-17 **amplio/-a**
[암쁠리오/아] 넓은

p3-07-18 **estrecho/-a**
[에스뜨레초/차] 좁은

p3-07-19 **profundo/-a**
[쁘로푼도/다] 깊은

p3-07-20 **bajo/-a**
[바호/하] 얕은

8. 스페인어 상식 기본단어 : 국적

스페인어의 상식이 되는 기본단어, 국적명을 정리했습니다.
스페인어는 남성형과 여성형으로 국적을 각각 표시합니다.
남성형과 여성형이 같은 것도 있습니다.

p3-08-01 **el coreano**
[꼬레아노] 한국 남자

p3-08-02 **la coreana**
[꼬레아나] 한국 여자

p3-08-03 **el japonés**
[하뽀네스] 일본 남자

p3-08-04 **la japonesa**
[하뽀네사] 일본 여자

p3-08-05 **el chino**
[치노] 중국 남자

p3-08-06 **la china**
[치나] 중국 여자

p3-08-07 **el español**
[에스빠뇰] 스페인 남자

p3-08-08 **la española**
[에스빠뇰라] 스페인 여자

p3-08-09 **el inglés**
[잉글레스] 영국 남자

p3-08-10 **la inglesa**
[잉글레사] 영국 여자

It's a completely new way to learn foreign language vocabulary fast and easy.

START LEARNING WORDS WITH THE POWERFUL METHODS!

BASIC

Part 3

It's a completely new way to learn foreign language vocabulary fast and easy.

상식 기본단어

스페인어 상식 기본단어

P3

p3-08-11 **el italiano**
[이딸리아노] 이탈리아 남자

p3-08-12 **la italiana**
[이딸리아나] 이탈리아 여자

p3-08-13 **el francés**
[프란쎄스] 프랑스 남자

p3-08-14 **la francesa**
[프란쎄사] 프랑스 여자

p3-08-15 **el alemán**
[알레만] 독일 남자

p3-08-16 **la alemana**
[알레마나] 독일 여자

p3-08-17 **el austriaco**
[아우스뜨리아꼬] 오스트리아 남자

p3-08-18 **la austriaca**
[아우스뜨리아까] 오스트리아 여자

p3-08-19 **el holandés**
[올란데스] 네덜란드 남자

p3-08-20 **la holandesa**
[올란데사] 네덜란드 여자

The vocabularies, the most frequently used words will be with you!

You'll get most frequently used vocabularies.

It's a completely new way to **learn foreign language vocabulary** fast and easy.

START LEARNING WORDS WITH THE POWERFUL METHODS!

Learn foreign language vocabulary

SPANISH

스페인어의 상식이 되는 기본단어, 국적명을 정리했습니다.

p3-08-21 **el suizo**
[수이쏘] 스위스 남자

p3-08-22 **la suiza**
[수이싸] 스위스 여자

p3-08-23 **el brasileño**
[브라실레뇨] 브라질 남자

p3-08-24 **la brasileña**
[브라실레냐] 브라질 여자

p3-08-25 **el ruso**
[루소] 러시아 남자

p3-08-26 **la rusa**
[루사] 러시아 여자

p3-08-27 **el turco**
[뚜르꼬] 터키 남자

p3-08-28 **la turca**
[뚜르까] 터키 여자

p3-08-29 **el australiano**
[아우스뜨랄리아노] 호주 남자

p3-08-30 **la australiana**
[아우스뜨랄리아나] 호주 여자

It's a completely new way to learn foreign language vocabulary fast and easy.

START LEARNING WORDS WITH THE POWERFUL METHODS!

BASIC

Part 3

It's a completely new way to learn foreign language vocabulary fast and easy.

상식 기본단어

스페인어 상식 기본단어

P3

p3-08-31 **el europeo** [에우로뻬오] 유럽 남자

p3-08-32 **la europea** [에우로뻬아] 유럽 여자

p3-08-33 **el africano** [아프리까노] 아프리카 남자

p3-08-34 **la africana** [아프리까나] 아프리카 여자

p3-08-35 **el asiático** [아시아띠꼬] 아시아 남자

p3-08-36 **la asiática** [아시아띠까] 아시아 여자

p3-08-37 **el estadounidense** [에스따도우니덴세] 미국 남자

p3-08-38 **la estadounidense** [에스따도우니덴세] 미국 여자

p3-08-39 **el árabe** [아라베] 아랍 남자

p3-08-40 **la árabe** [아라베] 아랍 여자

● 스페인어 대부분의 남성명사의 어미는 **o**, 여성형 어미는 **a** 입니다.
국적을 나타내는 단어들 역시 나라 이름에 남성형, 여성형 어미가 붙은 경우가 많습니다.
남성형, 여성형이 같은 경우는 특별히 마지막에 두었습니다.

The vocabularies, the most frequently used words will be with you!

You'll get most frequently used vocabularies.

9. 스페인어 상식 기본단어 : 직업

스페인어의 상식이 되는 기본단어, 직업명을 정리했습니다.
스페인어는 남성형과 여성형이 다른 단어들이 많지만,
남성형과 여성형이 같은 양성명사도 있습니다.

p3-09-01 **el universitario**
[우니베르시따리오] 남자 대학생

p3-09-02 **la universitaria**
[우니베르시따리아] 여자 대학생

p3-09-03 **el profesor**
[쁘로페소르] 남자 교사

p3-09-04 **la profesora**
[쁘로페소라] 여자 교사

p3-09-05 **el trabajador**
[뜨라바하도르] 남자 노동자

p3-09-06 **la trabajadora**
[뜨라바하도라] 여자 노동자

p3-09-07 **el funcionario**
[푼씨오나리오] 남자 공무원

p3-09-08 **la funcionaria**
[푼씨오나리아] 여자 공무원

p3-09-09 **el panadero**
[빠나데로] 남자 제빵사

p3-09-10 **la panadera**
[빠나데라] 여자 제빵사

p3-09-11 **el arquitecto**
[아르끼떽또] 남자 건축가

p3-09-12 **la arquitecta**
[아르끼떽따] 여자 건축가

p3-09-13 **el ingeniero**
[인헤니에로] 남자 엔지니어

p3-09-14 **la ingeniera**
[인헤니에라] 여자 엔지니어

p3-09-15 **el agricultor**
[아그리꿀또르] 남자 농부

p3-09-16 **la agricultora**
[아그리꿀또라] 여자 농부

p3-09-17 **el cocinero**
[꼬씨네로] 남자 요리사

p3-09-18 **la cocinera**
[꼬씨네라] 여자 요리사

p3-09-19 **el médico**
[메디꼬] 남자 의사

p3-09-20 **la médica**
[메디까] 여자 의사

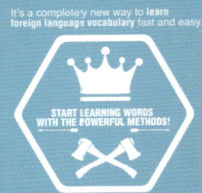

It's a completely new way to **learn foreign language vocabulary** fast and easy.

START LEARNING WORDS WITH THE POWERFUL METHODS!

스페인어의 상식이 되는 기본단어, 직업명을 정리했습니다.

3-09-21 **el abogado** [아보가도] 남자 변호사	p3-09-22 **la abogada** [아보가다] 여자 변호사
p3-09-23 **el banquero** [방께로] 남자 은행원	p3-09-24 **la banquera** [방께라] 여자 은행원
p3-09-25 **el bombero** [봄베로] 남자 소방관	p3-09-26 **la bombera** [봄베라] 여자 소방관
p3-09-27 **el azafato** [아싸파또] 남자 승무원	p3-09-28 **la azafata** [아싸파따] 여자 승무원
p3-09-29 **el enfermero** [엔페르메로] 남자 간호사	p3-09-30 **la enfermera** [엔페르메라] 여자 간호사

It's a completely new way to learn foreign language vocabulary fast and easy.

START LEARNING WORDS WITH THE POWERFUL METHODS!

BASIC

Part 3

It's a completely new way to learn foreign language vocabulary fast and easy.

상식 기본단어

스페인어 상식 기본단어

P3

3-09-31 **el artista**
[아르띠스따] 남자 예술가

p3-09-32 **la artista**
[아르띠스따] 여자 예술가

p3-09-33 **el electricista**
[엘렉뜨리씨스따] 남자 전기기술자

p3-09-34 **la electricista**
[엘렉뜨리씨스따] 여자 전기기술자

p3-09-35 **el estudiante**
[에스뚜디안떼] 남학생

p3-09-36 **la estudiante**
[에스뚜디안떼] 여학생

p3-09-37 **el policía**
[뽈리씨아] 남자 경찰

p3-09-38 **la policía**
[뽈리씨아] 여자 경찰

p3-09-39 **el actor**
[악또르] 남자 배우

p3-09-40 **la actriz**
[악뜨리쓰] 여배우

- 스페인어는 대부분의 직업명에 **-a** 를 붙이면 여성형이 됩니다.
직업명은 처음 학습하실 때 남성/여성형을 쌍으로 외워두시는 것이 좋습니다.
actor / actriz 와 같이 남성/여성의 형태가 완전 다른 예외도 있습니다.

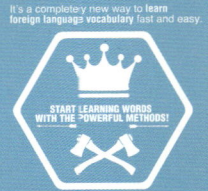

It's a completely new way to **learn foreign language vocabulary** fast and easy.

START LEARNING WORDS WITH THE POWERFUL METHODS!

10. 스페인어 상식 기본단어 : 신체/기관

스페인어의 상식이 되는 기본단어, 신체 및 기관명을 정리했습니다.

p3-10-01 **el cuerpo**
[꾸에르뽀] 신체

p3-10-02 **la cabeza**
[까베싸] 머리

p3-10-03 **la cara**
[까라] 얼굴

p3-10-04 **el pelo**
[뻴로] 머리카락

p3-10-05 **la frente**
[프렌떼] 이마

p3-10-06 **las cejas**
[쎄하스] 눈썹

p3-10-07 **los ojos**
[오호스] 눈

p3-10-08 **la nariz**
[나리쓰] 코

p3-10-09 **las orejas**
[오레하스] 귀

p3-10-10 **la boca**
[보까] 입

p3-10-11 **el labio**
[라비오] 입술

p3-10-12 **el labio superior**
[라비오 수뻬리오르] 윗입술

p3-10-13 **el labio inferior**
[라비오 인페리오르] 아랫입술

p3-10-14 **la mejilla**
[메히야] 뺨

p3-10-15 **el diente**
[디엔떼] 치아

p3-10-16 **la lengua**
[렝구아] 혀

p3-10-17 **la barba**
[바르바] 수염

p3-10-18 **la barbilla**
[바르비야] 턱

p3-10-19 **el cuello**
[꾸에요] 목

p3-10-20 **el hombro**
[옴브로] 어깨

It's a completely new way to learn foreign language vocabulary fast and easy.

START LEARNING WORDS WITH THE POWERFUL METHODS!

Learn foreign language vocabulary

SPANISH

스페인어의 상식이 되는 기본단어, 신체 및 기관명을 정리했습니다.

p3-10-21 **el pecho** [뻬초] 가슴	p3-10-22 **el corazón** [꼬라쏜] 심장
p3-10-23 **la espalda** [에스빨다] 등	p3-10-24 **la columna** [꼴룸나] 척추
p3-10-25 **la cintura** [씬뚜라] 허리	p3-10-26 **la mano** [마노] 손
p3-10-27 **el brazo** [브라쏘] 팔	p3-10-28 **el antebrazo** [안떼브라쏘] 앞 팔
p3-10-29 **la muñeca** [무녜까] 팔목	p3-10-30 **el dedo** [데도] 손가락

p3-10-31 **el muslo** [무슬로] 허벅지

p3-10-32 **la pierna** [삐에르나] 다리

p3-10-33 **la rodilla** [로디야] 무릎

p3-10-34 **el pie** [삐에] 발

p3-10-35 **el pulmón** [뿔몬] 폐

p3-10-36 **el hígado** [이가도] 간

p3-10-37 **la panza** [빤싸] 배/복부

p3-10-38 **el estómago** [에스또마고] 위

p3-10-39 **el órgano sexual** [오르가노 섹쑤알] 성기

p3-10-40 **la nalga** [날가] 엉덩이

11. 스페인어 상식 기본단어 : 성격/감정

스페인어의 상식이 되는 기본단어, 성격과 감정 표현을 정리했습니다.
( )는 여성형입니다.

p3-11-01 **amable**
[아마블레] 상냥한

p3-11-02 **adorable**
[아도라블레] 사랑스러운

p3-11-03 **cariñoso/-a**
[까리뇨소/사] 다정한

p3-11-04 **educado/-a**
[에두까도/다] 예의 바른

p3-11-05 **simpático/-a**
[심빠띠꼬/까] 붙임성 좋은

p3-11-06 **antipático/-a**
[안띠빠띠꼬/까] 까칠한

p3-11-07 **activo/-a**
[악띠보/바] 활발한

p3-11-08 **tímido/-a**
[띠미도/다] 소심한

p3-11-09 **arrogante**
[아로간떼] 거만한

p3-11-10 **nervioso/-a**
[네르비오소/사] 신경질적인

Part 3

It's a completely new way to learn foreign language vocabulary fast and easy.

상식 기본단어

스페인어 상식 기본단어

p3-11-11 **feliz** [펠리스] 행복한

p3-11-12 **contento/-a** [꼰뗀또/따] 즐거운

p3-11-13 **alegre** [알레그레] 기쁜

p3-11-14 **triste** [뜨리스떼] 슬픈

p3-11-15 **enamorado/-a** [에나모라도/다] 사랑에 빠진

p3-11-16 **deprimido/-a** [데쁘리미도/다] 우울한

p3-11-17 **decepcionado/-a** [데쎕시오나도/다] 실망스러운

p3-11-18 **sorprendido/-a** [소르프렌디도/다] 놀란

p3-11-19 **tranquilo/-a** [뜨랑낄로/라] 평온한

p3-11-20 **tenso/-a** [뗀소/사] 긴장한

12. 스페인어 상식 기본단어 : 가축/동물

스페인어의 상식이 되는 기본단어, 가축 및 야생동물명을 정리했습니다.

p3-12-01 **el perro**
[뻬로] 개

p3-12-02 **el gato**
[가또] 고양이

p3-12-03 **el toro**
[또로] 수소

p3-12-04 **la vaca**
[바까] 암소

p3-12-05 **el cerdo**
[쎄르도] 돼지

p3-12-06 **el caballo**
[까바요] 말

p3-12-07 **el gallo**
[가요] 수탉

p3-12-08 **la gallina**
[가이나] 암탉

p3-12-09 **el pato**
[빠또] 오리

p3-12-10 **la oveja**
[오베하] 양

p3-12-11 **el león** [레온] 사자

p3-12-12 **el tigre** [띠그레] 호랑이

p3-12-13 **el mono** [모노] 원숭이

p3-12-14 **el gorila** [고릴라] 고릴라

p3-12-15 **el elefante** [엘레판떼] 코끼리

p3-12-16 **el hipopótamo** [이뽀뽀따모] 하마

p3-12-17 **el oso** [오소] 곰

p3-12-18 **la jirafa** [히라파] 기린

p3-12-19 **la cebra** [쎄브라] 얼룩말

p3-12-20 **el ciervo** [씨에르보] 사슴

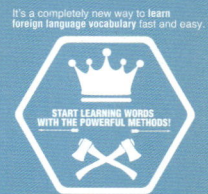

13. 스페인어 상식 기본단어 : 과일

스페인어의 상식이 되는 기본단어, 과일명을 정리했습니다.

p3-13-01 **la fruta**
[프루따] 과일

p3-13-02 **el limón**
[리몬] 라임

p3-13-03 **la manzana**
[만싸나] 사과

p3-13-04 **la pera**
[뻬라] 배

p3-13-05 **el melocotón**
[멜로꼬똔] 복숭아

p3-13-06 **la uva**
[우바] 포도

p3-13-07 **el plátano**
[쁠라따노] 바나나

p3-13-08 **la piña**
[삐냐] 파인애플

p3-13-09 **la naranja**
[나랑하] 오렌지

p3-13-10 **la mandarina**
[만다리나] 귤

p3-13-11 **la ciruela**
[씨루엘라] 자두

p3-13-12 **la granada**
[그라나다] 석류

p3-13-13 **la fresa**
[프레사] 딸기

p3-13-14 **el arándano**
[아란다노] 블루베리

p3-13-15 **el mango**
[망고] 망고

p3-13-16 **la papaya**
[빠빠야] 파파야

p3-13-17 **la cereza**
[쎄레싸] 체리

p3-13-18 **la pasa**
[빠사] 건포도

p3-13-19 **el kiwi**
[끼위] 키위

p3-13-20 **el melón**
[멜론] 멜론

It's a completely new way to **learn foreign language vocabulary** fast and easy.

START LEARNING WORDS WITH THE POWERFUL METHODS!

Learn foreign language vocabulary

SPANISH

14. 스페인어 상식 기본단어 : 곡물/채소

스페인어의 상식이 되는 기본단어, 곡물 및 채소명을 정리했습니다.

p3-14-01 **el arroz**
[아로스] 쌀

p3-14-02 **el trigo**
[뜨리고] 밀

p3-14-03 **la col**
[꼴] 양배추

p3-14-04 **la coliflor**
[꼴리플로르] 콜리플라워

p3-14-05 **la lechuga**
[레추가] 상추

p3-14-06 **el espárrago**
[에스빠라고] 아스파라거스

p3-14-07 **el nabo**
[나보] 무

p3-14-08 **la zanahoria**
[싸나오리아] 당근

p3-14-09 **la calabaza**
[깔라바싸] 호박

p3-14-10 **el pepino**
[뻬삐노] 오이

Part 3

상식 기본단어

스페인어 상식 기본단어

p3-14-11 **la cebolla**
[쎄보야] 양파

p3-14-12 **el ajo**
[아호] 마늘

p3-14-13 **el brócoli**
[브로꼴리] 브로콜리

p3-14-14 **el pimiento**
[삐미엔또] 파프리카

p3-14-15 **la soja**
[소하] 콩

p3-14-16 **el guisante**
[기산떼] 완두콩

p3-14-17 **el maíz**
[마이스] 옥수수

p3-14-18 **el tomate**
[또마떼] 토마토

p3-14-19 **la patata**
[빠따따] 감자

p3-14-20 **la berenjena**
[베렝헤나] 가지

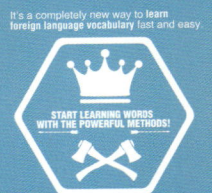

15. 스페인어 상식 기본단어 : 지리/지형

스페인어의 상식이 되는 기본단어, 지리 및 지형 표현을 정리했습니다.

p3-15-01 **la montaña**
[몬따냐] 산

p3-15-02 **el mar**
[마르] 바다

p3-15-03 **el río**
[리오] 강

p3-15-04 **el valle**
[바예] 계곡

p3-15-05 **el océano**
[오쎄아노] 대양

p3-15-06 **el glaciar**
[글라씨아르] 빙하

p3-15-07 **el lago**
[라고] 호수

p3-15-08 **la catarata**
[까따라따] 폭포

p3-15-09 **la playa**
[쁠라야] 해변

p3-15-10 **la isla**
[이슬라] 섬

It's a completely new way to learn foreign language vocabulary fast and easy.

START LEARNING WORDS WITH THE POWERFUL METHODS!

BASIC

Part 3

It's a completely new way to learn foreign language vocabulary fast and easy.

상식 기본단어

스페인어 상식 기본단어

P3

p3-15-11 **el bosque** [보스께] 숲

p3-15-12 **la cima** [씨마] 산꼭대기

p3-15-13 **el arrozal** [아로쌀] 논

p3-15-14 **la llanura** [야누라] 평야

p3-15-15 **el cañón** [까뇬] 협곡

p3-15-16 **la colina** [꼴리나] 언덕

p3-15-17 **el desierto** [데시에르또] 사막

p3-15-18 **el pantano** [빤따노] 늪

p3-15-19 **el acantilado** [아깐띨라도] 절벽

p3-15-20 **el estanque** [에스땅께] 연못

The vocabularies, the most frequently used words will be with you!

You'll get most frequently used vocabularies.

16. 스페인어 상식 기본단어 : 시설/기관

스페인어의 상식이 되는 기본단어, 시설 및 기관명을 정리했습니다.

p3-16-01 **el edificio**
[에디피씨오] 빌딩

p3-16-02 **el puente**
[뿌엔떼] 다리

p3-16-03 **el ayuntamiento**
[아윤따미엔또] 시청

p3-16-04 **el mercado**
[메르까도] 시장

p3-16-05 **la iglesia**
[이글레시아] 교회

p3-16-06 **la catedral**
[까떼드랄] 성당

p3-16-07 **la comisaría**
[꼬미사리아] 경찰서

p3-16-08 **la oficina de correos**
[오피씨나 데 꼬레오스] 우체국

p3-16-09 **la tienda**
[띠엔다] 상점

p3-16-10 **la cafetería**
[까페떼리아] 카페

p3-16-11 **el banco**
[방꼬] 은행

p3-16-12 **la caja de ahorros**
[까하 데 아오로스] 저축은행

p3-16-13 **el hospital**
[오스삐딸] 병원

p3-16-14 **la farmacia**
[파르마씨아] 약국

p3-16-15 **el teatro**
[떼아뜨로] 극장

p3-16-16 **el cine**
[씨네] 영화관

p3-16-17 **la biblioteca**
[비블리오떼까] 도서관

p3-16-18 **el club**
[끌룹] 클럽

p3-16-19 **el palacio**
[빨라씨오] 궁전

p3-16-20 **el castillo**
[까스띠요] 성

스페인어의 상식이 되는 기본단어, 시설 및 기관명을 정리했습니다.

p3-16-21
la plaza
[쁠라싸] 광장

p3-16-22
la fábrica
[파브리까] 공장

p3-16-23
el museo de arte
[무세오 데 아르떼] 미술관

p3-16-24
el museo
[무세오] 박물관

p3-16-25
el estadio
[에스따디오] 경기장

p3-16-26
el gimnasio
[힘나시오] 피트니스센터

p3-16-27
el parque
[빠르께] 공원

p3-16-28
la torre
[또레] 타워

p3-16-29
la lavandería
[라반데리아] 세탁소

p3-16-30
la librería
[리브레리아] 서점

Part 3

상식 기본단어

스페인어 상식 기본단어

p3-16-31 **el aparcamiento** [아빠르까미엔또] 주차장

p3-16-32 **la piscina** [삐씨나] 수영장

p3-16-33 **el peatón** [뻬아똔] 횡단보도

p3-16-34 **el centro** [쎈뜨로] 중심가

p3-16-35 **el bar** [바르] 주점/바

p3-16-36 **la cantina** [깐띠나] 간이식당

p3-16-37 **la granja** [그랑하] 농장

p3-16-38 **el baño** [바뇨] 화장실

p3-16-39 **el cibercafé** [씨베르까페] 인터넷카페

p3-16-40 **la casa de cambio** [까사 데 깜비오] 환전소

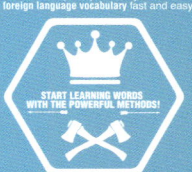

17. 스페인어 상식 기본단어 : 스포츠

스페인어의 상식이 되는 기본단어, 스포츠 종류를 정리했습니다.

p3-17-01 **el fútbol**
[풋볼] 축구

p3-17-02 **el baloncesto**
[발론쎄스또] 농구

p3-17-03 **el béisbol**
[베이스볼] 야구

p3-17-04 **el voleibol**
[볼레이볼] 배구

p3-17-05 **el tenis**
[떼니스] 테니스

p3-17-06 **el ping-pong**
[삥-뽕] 탁구

p3-17-07 **el golf**
[골프] 골프

p3-17-08 **el billar**
[비야르] 당구

p3-17-09 **el boxeo**
[복쎄오] 권투

p3-17-10 **la lucha**
[루차] 레슬링

It's a completely new way to learn foreign language vocabulary fast and easy.

START LEARNING WORDS WITH THE POWERFUL METHODS!

BASIC

Part 3

It's a completely new way to learn foreign language vocabulary fast and easy.

상식 기본단어

스페인어 상식 기본단어

P3

p3-17-11	**el hockey**	[호께이] 하키
p3-17-12	**la gimnasia**	[힘나시아] 체조
p3-17-13	**el rugby**	[룩비] 럭비
p3-17-14	**el críquet**	[끄리껫] 크리켓
p3-17-15	**el esquí**	[에스끼] 스키
p3-17-16	**el patinaje**	[빠띠나헤] 스케이팅
p3-17-17	**el patinaje artístico**	[빠띠나헤 아르띠스띠꼬] 피겨스케이팅
p3-17-18	**el yoga**	[요가] 요가
p3-17-19	**el bádminton**	[바드민똔] 배드민턴
p3-17-20	**el deporte**	[데뽀르떼] 스포츠

The vocabularies, the most frequently used words will be with you!

You'll get most frequently used vocabularies.

It's a completely new way to learn foreign language vocabulary fast and easy.
START LEARNING WORDS WITH THE POWERFUL METHODS!

Conquer them all!

Learn foreign language vocabulary

Part 4. 필수 여행단어

스페인어 필수 여행단어 100개를 챙기자!

1. 스페인 필수 여행단어 : 개인정보
2. 스페인 필수 여행단어 : 공항
3. 스페인 필수 여행단어 : 호텔
4. 스페인 필수 여행단어 : 교통
5. 스페인 필수 여행단어 : 식당
6. 스페인 필수 여행단어 : 관광
7. 스페인 필수 여행단어 : 쇼핑
8. 스페인 필수 여행단어 : 전화/우편/은행
9. 스페인 필수 여행단어 : 응급상황
10. 스페인 필수 여행단어 : 문제상황

It's a completely new way to **learn foreign language vocabulary** fast and easy.

START LEARNING WORDS WITH THE POWERFUL METHODS!

Part 4. 필수 여행단어

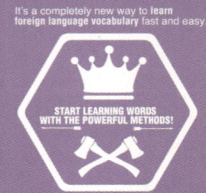

스페인어 필수 여행단어 100개를 챙기자!

당장 스페인 여행을 떠나실 분들을 위한 기본 단어 베스트 100가지입니다.
스페인 여행에서 만나게 될 10가지 상황의 기본 단어들을 정리했습니다.

상황별로 중요한 표현만 엄선했으며,
개별 상황의 좀 더 다양한 표현들은 Part 5.에서 추가적으로 학습하시면 되겠습니다.

아울러 학습하신 여행자용 스페인어 단어를 곧바로 사용하실 수 있도록
스페인 여행자용 핵심 문형 3가지를 소개해 드리겠습니다.
더도 말고 덜도 말고, 핵심 문형 딱 3가지만 알면 됩니다.
문장의 빈 곳에 '필수 여행단어'를 넣어 문장을 완성하시면 됩니다.

핵심문형 1.

~, por favor.

[~, 뽀르 파보르] ~, 부탁합니다.

por favor 는 영어의 **please** 입니다.
'단어 + **por favor!**' 하시면 원하시는 것을 청할 수 있습니다.

핵심문형 2.

¿Dónde está ~?

[돈데 에스따 ~?] ~은/는 어디입니까?

~ 자리에 '공항, 병원, 경찰서' 등 건물, 장소명을 넣고 말하면
길을 안내받으실 수 있습니다.

핵심문형 3.

Yo quiero ~.

[요 끼에로 ~.] 나는 ~을/를 원합니다 / ~하고 싶습니다.

~ 자리에 '사물' 이나 '동사의 원형'을 넣으면
여러분이 원하시는 것을 얻거나 하실 수 있습니다.

It's a completely new way to learn foreign language vocabulary fast and easy.

START LEARNING WORDS WITH THE POWERFUL METHODS!

1. 스페인 필수 여행단어 : 개인정보

스페인 여행에 꼭 필요한 필수단어, 개인정보 관련 표현을 정리했습니다.

p4-01-01 **el apellido**
[아뻬이도] 성

p4-01-02 **el nombre**
[놈브레] 명 (이름)

p4-01-03 **la fecha de nacimiento**
[페차 데 나씨미엔또] 생년월일

p4-01-04 **la nacionalidad**
[나씨오날리닷] 국적

p4-01-05 **el número de pasaporte**
[누메로 데 빠사뽀르떼] 여권번호

p4-01-06 **el número de vuelo**
[누메로 데 부엘로] 항공편번호

p4-01-07 **la dirección**
[디렉씨온] 주소

p4-01-08 **el número de contacto**
[누메로 데 꼰딱또] 연락처

p4-01-09 **el origen**
[오리헨] 출발지/출발국

p4-01-10 **el destino**
[데스띠노] 목적지

2. 스페인 필수 여행단어 : 공항

스페인 여행에 꼭 필요한 필수단어, 공항 관련 표현을 정리했습니다.

p4-02-01 **el aeropuerto**
[아에로뿌에르또] 공항

p4-02-02 **la aerolínea**
[아에로리네아] 항공사

p4-02-03 **el pasaporte**
[빠싸뽀르떼] 여권

p4-02-04 **el visado**
[비사도] 비자

p4-02-05 **el billete**
[비예떼] 탑승권

p4-02-06 **la aduana**
[아두아나] 세관

p4-02-07 **el pasajero**
[빠사헤로] 탑승객

p4-02-08 **la inmigración**
[인미그라씨온] 입국심사

p4-02-09 **el ingreso**
[인그레소] 입국

p4-02-10 **la salida**
[살리다] 출국

3. 스페인 필수 여행단어 : 호텔

스페인 여행에 꼭 필요한 필수단어, 호텔에서 필요한 표현을 정리했습니다.

p4-03-01 **el hotel**
[오뗄] 호텔

p4-03-02 **la reservación**
[레세르바씨온] 예약

p4-03-03 **check in**
[체크 인] 체크인

p4-03-04 **check out**
[체크 아웃] 체크아웃

p4-03-05 **el depósito**
[데뽀시또] 보증금

p4-03-06 **el número de habitación**
[누메로 데 아비따씨온] 객실번호

p4-03-07 **la planta baja**
[쁠란따 바하] 로비

p4-03-08 **el servicio de habitaciones**
[세르비씨오 데 아비따씨오네스] 룸서비스

p4-03-09 **la llamada de despertador**
[야마다 데 데스뻬르따도르] 모닝콜

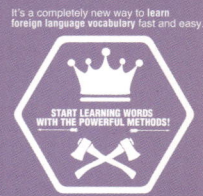

p4-03-10 **el precio**
[쁘레씨오] 요금

4. 스페인 필수 여행단어 : 교통

스페인 여행에 꼭 필요한 필수단어, 교통 관련 표현을 정리했습니다.

p4-04-01 **el avión**
[아비온] 항공

p4-04-02 **el autobús**
[아우또부스] 버스

p4-04-03 **el taxi**
[딱씨] 택시

p4-04-04 **el tren**
[뜨렌] 기차

p4-04-05 **el metro**
[메뜨로] 지하철

p4-04-06 **el barco**
[바르꼬] 배

p4-04-07 **la parada de autobús**
[빠라다 데 아우또부스] 버스정류장

p4-04-08 **la estación**
[에스따씨온] 역

p4-04-09 **el andén**
[안덴] 플랫폼

p4-04-10 **el carné de conducir**
[까르네 데 꼰두씨르] 운전면허증

It's a completely new way to learn foreign language vocabulary fast and easy.

START LEARNING WORDS WITH THE POWERFUL METHODS!

5. 스페인 필수 여행단어 : 식당

스페인 여행에 꼭 필요한 필수단어, 식당 관련 표현을 정리했습니다.

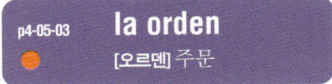

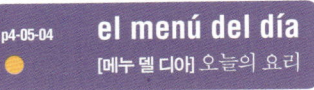

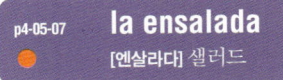

p4-05-01	**el restaurante**	[레스따우란떼] 식당
p4-05-02	**el menú**	[메누] 메뉴
p4-05-03	**la orden**	[오르덴] 주문
p4-05-04	**el menú del día**	[메누 델 디아] 오늘의 요리
p4-05-05	**el plato**	[쁠라또] 일품요리
p4-05-06	**el aperitivo**	[아뻬리띠보] 전채요리
p4-05-07	**la ensalada**	[엔살라다] 샐러드
p4-05-08	**la sopa**	[소빠] 수프
p4-05-09	**el plato principal**	[쁠라또 쁘린씨빨] 주요리
p4-05-10	**el postre**	[뽀스뜨레] 디저트

6. 스페인 필수 여행단어 : 관광

스페인 여행에 꼭 필요한 필수단어, 관광 관련 표현을 정리했습니다.

p4-06-01 **la información turística**
[인포르마씨온 뚜리스띠까] 관광안내소

p4-06-02 **el/la guía**
[기아] 가이드

p4-06-03 **el folleto**
[포예또] 팸플릿

p4-06-04 **el lugar turístico**
[루가르 뚜리스띠꼬] 관광지

p4-06-05 **el mapa turístico**
[마빠 뚜리스띠꼬] 관광지도

p4-06-06 **el tour**
[또우르] 투어

p4-06-07 **la agencia de viajes**
[아헨씨아 데 비아헤스] 여행사

p4-06-08 **el centro**
[쎈뜨로] 중심가

p4-06-09 **el barrio comercial**
[바리오 꼬메르씨알] 쇼핑가

p4-06-10 **la plaza**
[쁠라싸] 광장

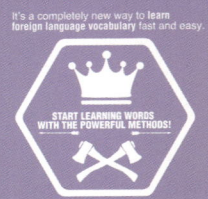

7. 스페인 필수 여행단어 : 쇼핑

스페인 여행에 꼭 필요한 필수단어, 쇼핑 관련 표현을 정리했습니다.

p4-07-01 **la compra**
[꼼쁘라] 쇼핑

p4-07-02 **el supermercado**
[수뻬르메르까도] 슈퍼마켓

p4-07-03 **la tienda conveniente**
[띠엔다 꼰베니엔떼] 편의점

p4-07-04 **el mercado**
[메르까도] 시장

p4-07-05 **el mercadillo**
[메르까디요] 벼룩시장

p4-07-06 **la tienda de recuerdos**
[띠엔다 데 레꾸에르도스] 기념품점

p4-07-07 **el almacén**
[알마쎈] 백화점

p4-07-08 **la tienda libre de impuestos**
[띠엔다 리브레 데 임뿌에스또스] 면세점

p4-07-09 **el descuento**
[데스꾸엔또] 할인

p4-07-10 **la caja**
[까하] 계산대

8. 스페인 필수 여행단어 : 전화/우편/은행

스페인 여행에 꼭 필요한 필수단어, 전화/우편/은행 관련 표현을 정리했습니다.

p4-08-01 **el teléfono**
[뗄레포노] 전화

p4-08-02 **el teléfono público**
[뗄레포노 뿌블리꼬] 공중전화

p4-08-03 **el número de teléfono**
[누메로 데 뗄레포노] 전화번호

p4-08-04 **la llamada de emergencia**
[야마다 데 에메르헨씨아] 긴급통화

p4-08-05 **el móvil**
[모빌] 휴대폰

p4-08-06 **la llamada internacional**
[야마다 인떼르나씨오날] 국제전화

p4-08-07 **la oficina de correos**
[오피씨나 데 꼬레오스] 우체국

p4-08-08 **el correo expreso**
[꼬레오 엑스쁘레소] 속달우편

p4-08-09 **el banco**
[방꼬] 은행

p4-08-10 **el cajero automático**
[까헤로 아우또마띠꼬] ATM

It's a completely new way to learn foreign language vocabulary fast and easy.

START LEARNING WORDS WITH THE POWERFUL METHODS!

9. 스페인 필수 여행단어 : 응급상황

스페인 여행에 꼭 필요한 필수단어, 응급상황 관련 표현을 정리했습니다.

p4-09-01 **el hospital**
[오스삐딸] 병원

p4-09-02 **el dolor**
[돌로르] 통증

p4-09-03 **el dolor de cabeza**
[돌로르 데 까베싸] 두통

p4-09-04 **el dolor de estómago**
[돌로르 데 에스또마고] 위통

p4-09-05 **el dolor menstrual**
[돌로르 멘스뜨루알] 생리통

p4-09-06 **el dolor de dientes**
[돌로르 데 디엔떼스] 치통

p4-09-07 **la farmacia**
[파르마씨아] 약국

p4-09-08 **la receta**
[레쎄따] 처방전

p4-09-09 **el digestivo**
[디헤스띠보] 소화제

p4-09-10 **el antigripal**
[안띠그리빨] 감기약

10. 스페인 필수 여행단어 : 문제상황

스페인 여행에 꼭 필요한 필수단어, 문제상황 관련 표현을 정리했습니다.

p4-10-01 **la emergencia**
[에메르헨씨아] 위급상황

p4-10-02 **el accidente**
[악시덴떼] 사고

p4-10-03 **la pérdida**
[뻬르디다] 분실

p4-10-04 **el robo**
[로보] 도난

p4-10-05 **el ladrón**
[라드론] 도둑

p4-10-06 **la comisaría**
[꼬미사리아] 경찰서

p4-10-07 **la denuncia**
[데눈씨아] 신고

p4-10-08 **la denuncia policial**
[데눈씨아 뽈리씨알] 경찰확인서

p4-10-09 **la embajada**
[엠바하다] 대사관

p4-10-10 **¡Ayuda!**
[아유다!] 도와주세요!

It's a completely new way to learn foreign language vocabulary fast and easy.
START LEARNING WORDS WITH THE POWERFUL METHODS!

Conquer them all!

Learn foreign language vocabulary

Part 5. 테마 생활단어

테마별 스페인어 단어로 공간을 장악하라!

It's a completely new way to learn foreign language vocabulary fast and easy.
START LEARNING WORDS WITH THE POWERFUL METHODS!
Learn foreign language vocabulary
CSS

Part 5. 테마 생활단어

테마별 스페인어 단어로 공간을 장악하라!

Part 5. 테마 생활단어

테마별 스페인어 단어로 공간을 장악하라!

파트 특성 :

Part 5. 는 총 60개의 생활 테마를 중심으로 단어를 정리한 파트입니다.
전체 테마는 '가정 / 학교 / 회사 / 교통수단 / 식사 / 쇼핑 / 공공기관 / 편의시설 등
8개의 주요 공간으로 구성되어 있습니다.
아울러 테마 생활단어 코너는
Part 1부터 Part 4까지 앞에서 배운 단어들을 모두 동원하여 함께 활용할 수 있습니다.
(예문에 등장하는 주요 불규칙동사 변화형은 부록 2.를 참고하시면 됩니다.)

파트 구성 :

Part 5.의 각각의 테마는 동사 5개, 명사 10개, 형용사/부사 등 기타 5개
그리고 이들 단어를 활용한 예문 4~5개로 구성되어 있습니다.
(예문에 등장하는 주요 불규칙동사들의 변화형은 부록 2.를 참고하시면 됩니다.)

학습 방법 :

Part 5.의 학습 방법은
기본적인 인칭대명사(나/너/그 등)을 (스페인어는 인칭대명사를 생략할 수 있습니다. 인칭대명사는 부록 1.에 정리해 놓았습니다.)
문장 맨 앞에 그 다음에 '동사 + 명사 또는 형용사 / 부사' 등으로
문장을 만들어 내실 수 있습니다. (인칭대명사는 부록 1.을 참고하시면 됩니다.
인칭대명사가 문장의 주어일 때 보통 생략됩니다.)

이런 방식으로 단어를 교체하면서 다양한 문장을 만들어 내면,
이것이 곧바로 스페인어 문장력/회화력이 될 것입니다.

It's a completely new way to learn foreign language vocabulary fast and easy.
START LEARNING WORDS WITH THE POWERFUL METHODS!
SPANISH

1. 가정 침실에서 필요한 스페인어 단어! (기상)

가정의 침실에서 필요한 스페인어 단어를 정리했습니다.
아침 6시 기상과 함께 하는 단어들입니다.

It's a completely new way to learn foreign language vocabulary fast and easy.

START LEARNING WORDS WITH THE POWERFUL METHODS!

THEME

Part 5

It's a completely new way to learn foreign language vocabulary fast and easy.

테마 생활단어

스페인어 테마 생활단어

P5

꼭 필요한 동사 5개!

스페인어 동사는 인칭에 따라 어미를 변화시켜야 합니다.

p5-01-01 **levantarse**
[레반따르세] 기상하다/일어나다 (재귀동사/**-ar** 규칙동사)

p5-01-02 **despertarse**
[데스뻬르따르세] 잠을 깨다 (재귀동사/불규칙동사 **e > ie**)

p5-01-03 **dormir**
[도르미르] 잠자다 (불규칙동사 **o > ue**)

p5-01-04 **sonar**
[소나르] (자명종/벨이) 울리다 (불규칙동사 **o > ue**)

p5-01-05 **estar**
[에스따르] 있다 (불규칙동사)

It's a completely new way to **learn**
foreign language vocabulary fast and easy.

START LEARNING WORDS
WITH THE POWERFUL METHODS!

꼭 필요한 명사 10개!
스페인어 명사는 정관사와 함께 기억해 주십시오.

p5-01-06
el dormitorio
[도르미또리오] 침실

p5-01-07
la cama
[까마] 침대

p5-01-08
el colchón
[꼴촌] 매트리스

p5-01-09
el pijama
[삐하마] 잠옷

p5-01-10
la manta
[만따] 이불/담요

p5-01-11
la sábana
[사바나] 침대보

p5-01-12
la almohada
[알모아다] 베개

p5-01-13
el almohadón
[알모아돈] 쿠션

p5-01-14
el despertador
[데스뻬르따도르] 자명종

p5-01-15
la lámpara
[람빠라] 전등

문장을 완성하는 도우미들!

p5-01-16 **me**
[메] 나 자신을 (재귀대명사)

p5-01-17 **temprano**
[뗌쁘라노] 일찍

p5-01-18 **en**
[엔] ~ 안에

p5-01-19 **sobre**
[소브레] ~ 위에

p5-01-20 **tarde**
[따르데] 늦게

단어에서 회화 실력으로!

p5-01-21 **Me levanto temprano.**
[메 레반또 뗌쁘라노.] 나는 일찍 기상합니다.

p5-01-22 **Ella duerme en la cama.**
[에야 두에르메 엔 라 까마.] 그녀는 침대에서 자고 있습니다.

p5-01-23 **El despertador suena.**
[엘 데스뻬르따도르 수에나.] 자명종이 울립니다.

p5-01-24 **Él duerme tarde.**
[엘 두에르메 따르데.] 그는 늦게 잡니다.

p5-01-25 **La almohada está sobre la cama.**
[라 알모아다 에스따 소브레 라 까마.] 베개가 침대 위에 있습니다.

It's a completely new way to learn foreign language vocabulary fast and easy.
START LEARNING WORDS WITH THE POWERFUL METHODS!
Learn foreign language vocabulary
SPANISH

2. 가정 화장실에서 필요한 스페인어 단어!

가정의 아침, 화장실에서 필요한 스페인어 단어를 정리했습니다.
화장실로 가볼까요?

꼭 필요한 동사 5개!
스페인어 동사는 인칭에 따라 어미를 변화시켜야 합니다.

p5-02-01 **ir**
[이르] 가다 (불규칙동사)

p5-02-02 **ocupar**
[오꾸빠르] 차지하다 (-ar 규칙동사)

p5-02-03 **estar**
[에스따르] ~에 있다/~한 상태에 있다 (불규칙동사)

p5-02-04 **querer**
[께레르] 원하다 (불규칙동사 e > ie)

p5-02-05 **dar**
[다르] 주다 (불규칙동사)

It's a completely new way to **learn foreign language vocabulary** fast and easy.

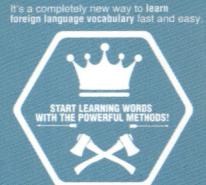

START LEARNING WORDS WITH THE POWERFUL METHODS!

꼭 필요한 명사 10개!
스페인어 명사는 정관사와 함께 기억해 주십시오.

p5-02-06 **el servicio**
[세르비씨오] (공공 장소의) 화장실

p5-02-07 **el baño**
[바뇨] 화장실/세면실

p5-02-08 **el inodoro**
[이노도로] 변기

p5-02-09 **el rollo de papel higiénico**
[로요 데 빠뻴 이히에니꼬] 롤휴지

p5-02-10 **el papel higiénico**
[빠뻴 이히에니꼬] 화장지

p5-02-11 **la papelera**
[빠뻴레라] 휴지통

p5-02-12 **la palanca**
[빨란까] (변기)레버

p5-02-13 **la orina**
[오리나] 소변

p5-02-14 **el aromatizador**
[아로마띠싸도르] 방향제

p5-02-15 **el bidé**
[비데] 비데

문장을 완성하는 도우미들!

p5-02-16 **dónde**
[돈데] 어디

p5-02-17 **al**
[알] ~에 (a+el 축약형)

p5-02-18 **ocupado/-a**
[오꾸빠도/다] 사용 중인

p5-02-19 **me**
[메] 나에게

p5-02-20 **obstruido/-a**
[옵스뜨루이도/다] 막힌

단어에서 회화 실력으로!

p5-02-21 **¿Dónde está el baño?**
[돈데 에스따 엘 바뇨?] 화장실이 어디에 있습니까?

p5-02-22 **Yo quiero ir al baño.**
[요 끼에로 이르 알 바뇨.] 나는 화장실에 가고 싶습니다.

p5-02-23 **El baño está ocupado.**
[엘 바뇨 에스따 오꾸빠도.] 화장실은 사용 중입니다.

p5-02-24 **Deme el papel higiénico.**
[데메 엘 빠뻴 이히에니꼬.] 저에게 화장지 좀 주세요.

p5-02-25 **El inodoro está obstruido.**
[엘 이노도로 에스따 옵스뜨루이도.] 변기가 막혔습니다.

It's a completely new way to learn foreign language vocabulary fast and easy.
START LEARNING WORDS WITH THE POWERFUL METHODS!
Learn foreign language vocabulary
SPANISH

3. 가정 욕실에서 필요한 스페인어 단어!

가정의 아침. 욕실에서 필요한 스페인어 단어를 정리했습니다.
그러면 욕실로 가볼까요?

It's a completely new way to learn foreign language vocabulary fast and easy.

START LEARNING WORDS WITH THE POWERFUL METHODS!

THEME

Part 5

It's a completely new way to learn foreign language vocabulary fast and easy.

테마 생활단어

스페인어 테마 생활단어

P5

꼭 필요한 동사 5개!
스페인어 동사는 인칭에 따라 어미를 변화시켜야 합니다.

p5-03-01
peinarse
[뻬이나르세] 빗질하다 (재귀동사/-ar 규칙동사)

p5-03-02
lavarse
[라바르세] 씻다 (재귀동사/-ar 규칙동사)

p5-03-03
cepillarse
[쎄삐야르세] 솔질하다 (재귀동사/-ar 규칙동사)

p5-03-04
afeitarse
[아페이따르세] 면도하다 (재귀동사/-ar 규칙동사)

p5-03-05
necesitar
[네쎄시따르] 필요하다 (-ar 규칙동사)

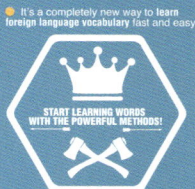

It's a completely new way to **learn foreign language vocabulary** fast and easy.

START LEARNING WORDS WITH THE POWERFUL METHODS!

꼭 필요한 명사 10개!

스페인어 명사는 정관사와 함께 기억해 주십시오.

p5-03-06 **el cuarto de baño**
[꾸아르또 데 바뇨] 욕실

p5-03-07 **el lavabo**
[라바보] 세면대

p5-03-08 **el cepillo de dientes**
[쎄삐요 데 디엔떼스] 칫솔

p5-03-09 **la pasta dental**
[빠스따 덴딸] 치약

p5-03-10 **las gárgaras**
[가르가라스] 양치질

p5-03-11 **el jabón**
[하본] 비누

p5-03-12 **el grifo**
[그리포] 수도꼭지

p5-03-13 **la afeitadora**
[아페이따도라] 면도기

p5-03-14 **el espejo**
[에스뻬호] 거울

p5-03-15 **la toalla**
[또아야] 수건

It's a completely new way to learn foreign language vocabulary fast and easy.

START LEARNING WORDS WITH THE POWERFUL METHODS!

THEME

Part 5

It's a completely new way to learn foreign language vocabulary fast and easy.

테마 생활단어

스페인어 테마 생활단어

P5

문장을 완성하는 도우미들!

p5-03-16 **por la mañana**
[뽀르 라 마냐나] 아침에

p5-03-17 **un/una**
[운/우나] 하나의 (부정관사)

p5-03-18 **con**
[꼰] ~를 가지고

p5-03-19 **de**
[데] ~의

p5-03-20 **todas las mañanas**
[또다스 라스 마냐나스] 매일 아침

단어에서 회화 실력으로!

p5-03-21 **Él se afeita por la mañana.**
[엘 세 아페이따 뽀르 라 마냐나.] 그는 아침에 면도를 합니다.

p5-03-22 **Necesito un cepillo de dientes.**
[네쎄시또 운 쎄삐요 데 디엔떼스.] 나는 칫솔 하나가 필요합니다.

p5-03-23 **Me lavo las manos con jabón.**
[메 라보 라스 마노스 꼰 하본.] 나는 비누로 손을 씻습니다.

p5-03-24 **Ella se peina todas las mañanas.**
[에야 세 뻬이나 또다스 라스 마냐나스.] 그녀는 매일 아침 빗질을 합니다.

The vocabularies, the most frequently used words will be with you!

You'll get most frequently used vocabularies.

4. 가정 화장대에서 필요한 스페인어 단어!

가정의 아침, 화장을 시작합니다.
여러분의 아침 꽃단장에 필요한 스페인어 단어를 정리했습니다.

It's a completely new way to learn foreign language vocabulary fast and easy.
START LEARNING WORDS WITH THE POWERFUL METHODS!
Learn foreign language vocabulary
SPANISH

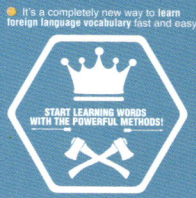

꼭 필요한 동사 5개!
스페인어 동사는 인칭에 따라 어미를 변화시켜야 합니다.

p5-04-01
maquillarse
[마끼야르세] 화장하다 (재귀동사/-ar 규칙동사)

p5-04-02
desmaquillarse
[데스마끼야르세] 화장을 지우다 (재귀동사/-ar 규칙동사)

p5-04-03
ponerse
[뽀네르세] 바르다 (재귀동사/불규칙동사)

p5-04-04
aplicarse
[아쁠리까르세] 바르다 (재귀동사/-ar 규칙동사)

p5-04-05
utilizar
[우띨리싸르] 사용하다 (-ar 규칙동사)

It's a completely new way to **learn foreign language vocabulary** fast and easy.

START LEARNING WORDS WITH THE POWERFUL METHODS!

꼭 필요한 명사 10개!
스페인어 명사는 정관사와 함께 기억해 주십시오.

p5-04-06 **el maquillaje**
[마끼야헤] 화장

p5-04-07 **la loción**
[로씨온] 로션

p5-04-08 **la crema**
[끄레마] 크림

p5-04-09 **la máscara**
[마스까라] 마스크팩

p5-04-10 **la cara**
[까라] 얼굴

p5-04-11 **los labios**
[라비오스] 입술

p5-04-12 **el cuerpo**
[꾸에르뽀] 몸

p5-04-13 **los ojos**
[오호스] 눈 (양쪽)

p5-04-14 **la mano**
[마노] 손

p5-04-15 **los cosméticos**
[꼬스메띠꼬스] 화장품

It's a completely new way to learn foreign language vocabulary fast and easy.

START LEARNING WORDS WITH THE POWERFUL METHODS!

THEME

Part 5

It's a completely new way to learn foreign language vocabulary fast and easy.

테마 생활단어

스페인어 테마 생활단어

P5

문장을 완성하는 도우미들!

p5-04-16 **me**
[메] 나 자신을 (재귀대명사)

p5-04-17 **todas las mañanas**
[또다스 라스 마냐나스] 매일 아침

p5-04-18 **se**
[세] 그/그녀/당신 자신을(재귀대명사)

p5-04-19 **en**
[엔] ~에

p5-04-20 **después de la ducha**
[데스뿌에스 데 라 두차] 샤워 후에

단어에서 회화 실력으로!

p5-04-21 **Me maquillo todas las mañanas.**
[메 마끼요 또다스 라스 마냐나스] 나는 매일 아침 화장을 합니다.

p5-04-22 **Me desmaquillo.**
[메 데스마끼요] 나는 화장을 지웁니다.

p5-04-23 **Ella se pone la crema en el cuerpo.**
[에야 세 뽀네 라 끄레마 엔 엘 꾸에르뽀] 그녀는 몸에 크림을 바릅니다.

p5-04-24 **Él se pone la loción en la cara.**
[엘 세 뽀네 라 로씨온 엔 라 까라] 그는 얼굴에 로션을 바릅니다.

p5-04-25 **Me aplico la loción después de la ducha.**
[메 아쁠리꼬 라 로씨온 데스뿌에스 데 라 두차] 나는 샤워 후에 로션을 바릅니다.

5. 가정 드레스룸에서 필요한 스페인어 단어!

가정의 아침, 드레스룸에서 필요한 스페인어 단어를 정리했습니다.

Part 5

It's a completely new way to learn foreign language vocabulary fast and easy.

테마 생활단어

스페인어 테마 생활단어

P5

꼭 필요한 동사 5개!
스페인어 동사는 인칭에 따라 어미를 변화시켜야 합니다.

p5-05-01
vestirse
[베스띠르세] 옷을 입다 (재귀동사/불규칙동사 **e > i**)

p5-05-02
quitarse
[끼따르세] 옷을 벗다 (재귀동사/**-ar** 규칙동사)

p5-05-03
ponerse
[뽀네르세] 입다/신다 (재귀동사/불규칙동사)

p5-05-04
llevar
[예바르] (옷, 모자, 안경을) 입다/쓰다/끼다 (**-ar** 규칙동사)

p5-05-05
gustar
[구스따르] 좋아하다 (**-ar** 규칙동사)

It's a completely new way to learn foreign language vocabulary fast and easy.

START LEARNING WORDS WITH THE POWERFUL METHODS!

꼭 필요한 명사 10개!

스페인어 명사는 정관사와 함께 기억해 주십시오.

p5-05-06 **la gorra**
[고라] 모자

p5-05-07 **los calzoncillos**
[깔쏜씨요스] 팬티 (남성용)

p5-05-08 **el traje**
[뜨라헤] 양복

p5-05-09 **las medias**
[메디아스] 스타킹

p5-05-10 **los pantalones**
[빤딸로네스] 바지

p5-05-11 **la falda**
[팔다] 치마

p5-05-12 **la camisa**
[까미사] 셔츠

p5-05-13 **la chaqueta**
[차께따] 재킷

p5-05-14 **los calcetines**
[깔쎄띠네스] 양말

p5-05-15 **los zapatos**
[싸빠또스] 구두

It's a completely new way to learn foreign language vocabulary fast and easy.

START LEARNING WORDS WITH THE POWERFUL METHODS!

THEME

Part 5

It's a completely new way to learn foreign language vocabulary fast and easy.

테마 생활단어

스페인어 테마 생활단어

P5

문장을 완성하는 도우미들!

p5-05-16 **me**
[메] 나에게

p5-05-17 **siempre**
[시엠쁘레] 항상

p5-05-18 **este/esta**
[에스떼/에스따] 이 (남/녀 지시형용사)

p5-05-19 **te**
[떼] 너 자신을 (재귀대명사)

단어에서 회화 실력으로!

p5-05-20 **Me gusta esta falda.**
[메 구스따 에스따 팔다] 나는 이 치마를 좋아합니다.

p5-05-21 **Te quitas la chaqueta.**
[떼 끼따스 라 차께따] 너는 재킷을 벗는다.

p5-05-22 **Él siempre lleva el traje.**
[엘 시엠쁘레 예바 엘 뜨라헤] 그는 항상 양복을 입고 있습니다.

p5-05-23 **Me pongo la gorra.**
[메 뽕고 라 고라] 나는 모자를 씁니다.

The vocabularies, the most frequently used words will be with you!

You'll get most frequently used vocabularies.

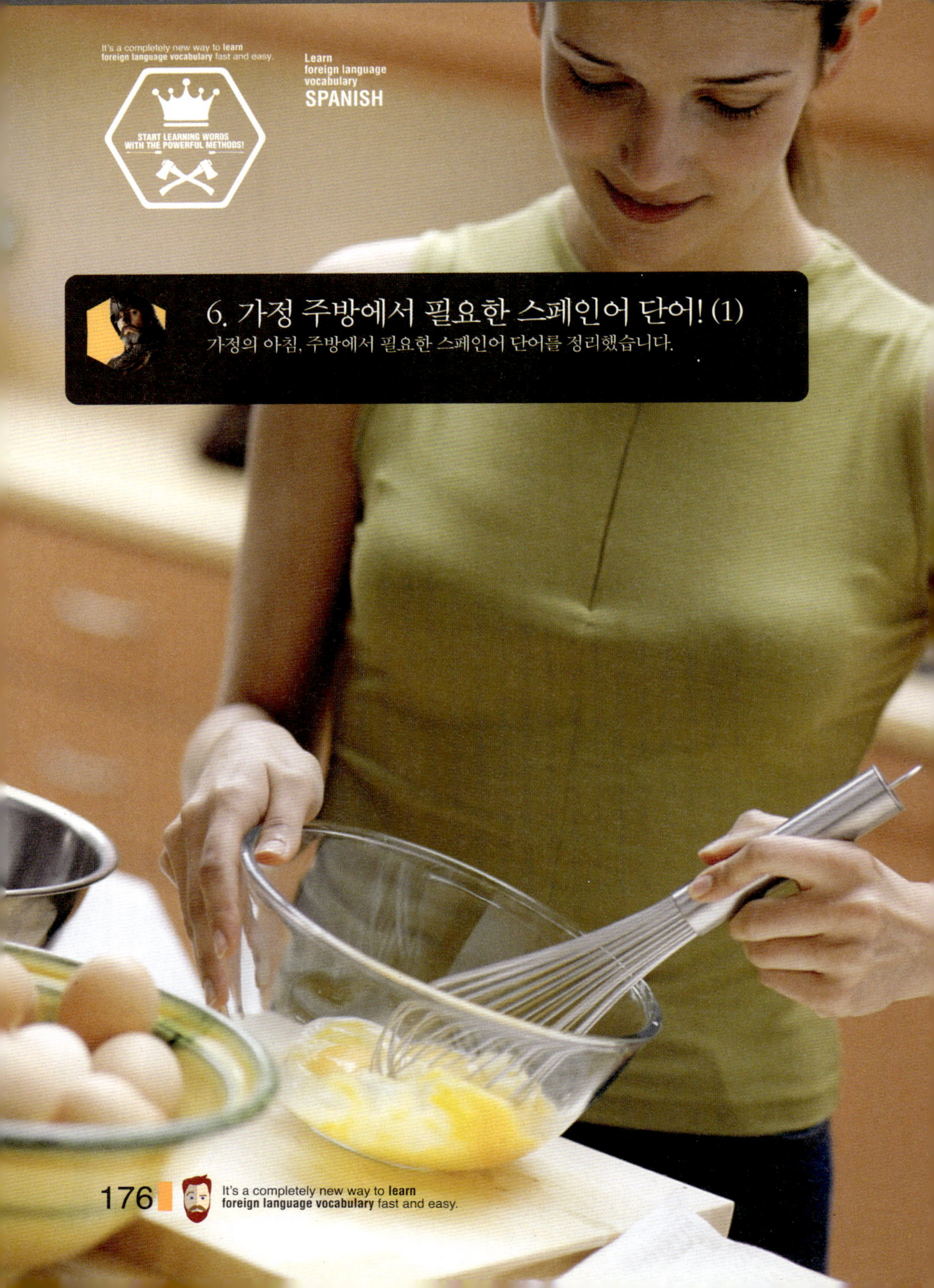

It's a completely new way to **learn foreign language vocabulary** fast and easy.

START LEARNING WORDS WITH THE POWERFUL METHODS!

Learn foreign language vocabulary **SPANISH**

6. 가정 주방에서 필요한 스페인어 단어! (1)

가정의 아침, 주방에서 필요한 스페인어 단어를 정리했습니다.

It's a completely new way to learn foreign language vocabulary fast and easy.

START LEARNING WORDS WITH THE POWERFUL METHODS!

THEME

Part 5

It's a completely new way to learn foreign language vocabulary fast and easy.

테마 생활단어

스페인어 테마 생활단어

P5

꼭 필요한 동사 5개!
스페인어 동사는 인칭에 따라 어미를 변화시켜야 합니다.

p5-06-01 **beber**
[베베르] 마시다 (**-er** 규칙동사)

p5-06-02 **tomar**
[또마르] 먹다/마시다 (**-ar** 규칙동사)

p5-06-03 **servir**
[세르비르] 서빙하다 (불규칙동사 **e > i**)

p5-06-04 **hacer**
[아쎄르] 만들다 (불규칙동사)

p5-06-05 **querer**
[께레르] 원하다 (불규칙동사 **e > ie**)

It's a completely new way to learn foreign language vocabulary fast and easy.

START LEARNING WORDS WITH THE POWERFUL METHODS!

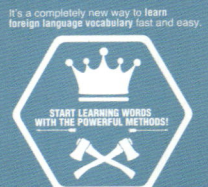

꼭 필요한 명사 10개!
스페인어 명사는 정관사와 함께 기억해 주십시오.

p5-06-06 **el café**
[까페] 커피

p5-06-07 **el té**
[떼] 차

p5-06-08 **la leche**
[레체] 우유

p5-06-09 **el jugo**
[후고] 주스

p5-06-10 **el agua**
[아구아] 물

p5-06-11 **el azúcar**
[아쑤까르] 설탕

p5-06-12 **la cafetera**
[까페떼라] 커피머신

p5-06-13 **la tetera**
[떼떼라] 주전자

p5-06-14 **la taza**
[따싸] 잔

p5-06-15 **el refrigerador**
[레프리헤라도르] 냉장고

문장을 완성하는 도우미들!

p5-06-16 **un/una**
[운/우나] 어떤/하나의

p5-06-17 **un poco de ~**
[운 뽀꼬 데] 약간의 ~

p5-06-18 **con**
[꼰] ~와 함께

p5-06-19 **sin**
[신] ~ 없이

p5-06-20 **qué**
[께] 무엇/어떤

단어에서 회화 실력으로!

p5-06-21 **Tomo un café.**
[또모 운 까페.] (나는) 커피 한잔을 마십니다.

p5-06-22 **¿Tomas café con azúcar?**
[또마스 까페 꼰 아쑤까르?] (너) 커피에 설탕 넣어서 마시니?

p5-06-23 **Tomo café sin azúcar.**
[또모 까페 신 아쑤까르.] (나는) 설탕 없이 커피를 마십니다.

p5-06-24 **¿Qué quieres tomar?**
[께 끼에레스 또마르?] (너) 무엇을 마시고 싶니?

p5-06-25 **Quiero tomar un poco de agua.**
[끼에로 또마르 운 뽀꼬 데 아구아.] (나는) 약간의 물을 마시고 싶어.

It's a completely new way to **learn foreign language vocabulary** fast and easy.

START LEARNING WORDS WITH THE POWERFUL METHODS!

Learn foreign language vocabulary
SPANISH

7. 가정 주방에서 필요한 스페인어 단어! (2)

가정의 아침, 주방에서 필요한 스페인어 단어를 정리했습니다.

It's a completely new way to learn foreign language vocabulary fast and easy.

START LEARNING WORDS WITH THE POWERFUL METHODS!

THEME

Part 5

It's a completely new way to learn foreign language vocabulary fast and easy.

테마 생활단어

스페인어 테마 생활단어

P5

꼭 필요한 동사 5개!

스페인어 동사는 인칭에 따라 어미를 변화시켜야 합니다.

p5-07-01 **tomar**
[또마르] 먹다/마시다 (**-ar** 규칙동사)

p5-07-02 **comer**
[꼬메르] 먹다 (**-er** 규칙동사)

p5-07-03 **gustar**
[구스따르] 좋아하다 (**-ar** 규칙동사)

p5-07-04 **querer**
[께레르] 원하다 (불규칙동사 **e > ie**)

p5-07-05 **tostar**
[또스따르] 굽다 (**-ar** 규칙동사)

꼭 필요한 명사 10개!
스페인어 명사는 정관사와 함께 기억해 주십시오.

p5-07-06 **el pan**
[빤] 빵

p5-07-07 **la leche**
[레체] 우유

p5-07-08 **la tostadora**
[또스따도라] 토스터

p5-07-09 **la tostada**
[또스따다] 토스트

p5-07-10 **el huevo frito**
[우에보 프리또] 달걀프라이

p5-07-11 **la manteca**
[만떼까] 버터

p5-07-12 **la mermelada**
[메르멜라다] 잼

p5-07-13 **el desayuno**
[데사유노] 아침식사

p5-07-14 **los cereales**
[쎄레알레스] 시리얼

p5-07-15 **el yogur**
[요구르] 요구르트

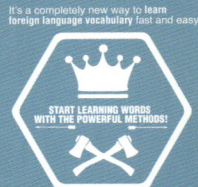

It's a completely new way to learn foreign language vocabulary fast and easy.

START LEARNING WORDS WITH THE POWERFUL METHODS!

THEME

Part 5

It's a completely new way to learn foreign language vocabulary fast and easy.

테마 생활단어

스페인어 테마 생활단어

P5

문장을 완성하는 도우미들!

p5-07-16 **a las siete**
[아 라스 시에떼] 7시에

p5-07-17 **más**
[마스] 더

p5-07-18 **con**
[꼰] ~와 함께

p5-07-19 **mucho**
[무초] 많이

단어에서 회화 실력으로!

p5-07-20 **Tomo el desayuno a las 7.**
[또모 엘 데사유노 아 라스 시에떼] (나는) 7시에 아침을 먹습니다.

p5-07-21 **Me gusta comer tostada.**
[메 구스따 꼬메르 또스따다] 나는 토스트 먹는 것을 좋아합니다.

p5-07-22 **Tomo leche con cereales.**
[또모 레체 꼰 쎄레알레스] (나는) 우유와 함께 시리얼을 먹습니다.

p5-07-23 **Ella come mucho pan.**
[에야 꼬메 무초 빤] 그녀는 빵을 많이 먹습니다.

p5-07-24 **Quiero más pan.**
[끼에로 마스 빤] (나는) 빵을 더 원합니다.

The vocabularies, the most frequently used words will be with you!

You'll get most frequently used vocabularies.

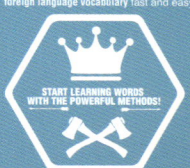

It's a completely new way to learn foreign language vocabulary fast and easy.

START LEARNING WORDS WITH THE POWERFUL METHODS!

Learn foreign language vocabulary
SPANISH

8. 가정 주방에서 필요한 스페인어 단어! (3)

가정의 아침. 식탁에서 필요한 스페인어 단어를 정리했습니다.

It's a completely new way to learn foreign language vocabulary fast and easy.

START LEARNING WORDS WITH THE POWERFUL METHODS!

THEME

Part 5

It's a completely new way to learn foreign language vocabulary fast and easy.

테마 생활단어

스페인어 테마 생활단어

P5

꼭 필요한 동사 5개!

스페인어 동사는 인칭에 따라 어미를 변화시켜야 합니다.

p5-08-01
comer
[꼬메르] 먹다 (-er 규칙동사)

p5-08-02
estar
[에스따르] ~에/~한 상태에 있다 (불규칙동사)

p5-08-03
poner
[뽀네르] 놓다 (불규칙동사)

p5-08-04
cortar
[꼬르따르] 자르다 (-ar 규칙동사)

p5-08-05
quitar
[끼따르] 치우다 (-ar 규칙동사)

꼭 필요한 명사 10개!

스페인어 명사는 정관사와 함께 기억해 주십시오.

p5-08-06 **el tenedor**
[떼네도르] 포크

p5-08-07 **el cuchillo**
[꾸치요] 나이프

p5-08-08 **la cuchara**
[꾸차라] 스푼

p5-08-09 **los palillos**
[빨리요스] 젓가락

p5-08-10 **la taza**
[따싸] 잔

p5-08-11 **el vaso**
[바소] 컵

p5-08-12 **el plato**
[쁠라또] 접시

p5-08-13 **la mesa**
[메사] 식탁/테이블

p5-08-14 **la sartén**
[사르뗀] 프라이팬

p5-08-15 **la cazuela**
[까쑤엘라] 냄비

It's a completely new way to learn foreign language vocabulary fast and easy.

START LEARNING WORDS WITH THE POWERFUL METHODS!

THEME

Part 5

It's a completely new way to learn foreign language vocabulary fast and easy.

테마 생활단어

스페인어 테마 생활단어

P5

문장을 완성하는 도우미들!

p5-08-16 **y**
[이] 그리고

p5-08-17 **con**
[꼰] ~로 / ~와 함께

p5-08-18 **allí**
[아이] 저기

p5-08-19 **sobre**
[소브레] ~ 위에

p5-08-20 **de**
[데] ~의

단어에서 회화 실력으로!

p5-08-21 **Como con tenedor y cuchillo.**
[꼬모 꼰 떼네도르 이 꾸치요.] (나는) 포크와 나이프로 먹습니다.

p5-08-22 **El plato está allí.**
[엘 쁠라또 에스따 아이.] 접시는 저기에 있습니다.

p5-08-23 **Él pone un vaso de agua sobre la mesa.**
[엘 뽀네 운 바소 데 아구아 소브레 라 메사.]
그는 물 한 잔을 테이블 위에 놓습니다.

p5-08-24 **Pongo la mesa.**
[뽕고 라 메사.] (나는) 식탁을 차립니다.

p5-08-25 **Ella quita la mesa.**
[에야 끼따 라 메사.] 그녀는 식탁을 치웁니다.

The vocabularies, the most frequently used words will be with you!

You'll get most frequently used vocabularies.

Conquer them all!

9. 가정에서 요리할 때 필요한 스페인어 단어! (1)

가정의 주방에서 필요한 스페인어 단어를 정리했습니다.

Part 5

It's a completely new way to learn foreign language vocabulary fast and easy.

테마 생활단어

스페인어 테마 생활단어

P5

꼭 필요한 동사 5개!

스페인어 동사는 인칭에 따라 어미를 변화시켜야 합니다.

p5-09-01 **cocinar**
[꼬씨나르] 요리하다/익히다 (-ar 규칙동사)

p5-09-02 **asar**
[아사르] 굽다 (-ar 규칙동사)

p5-09-03 **hervir**
[에르비르] 끓이다 (불규칙동사 e > ie)

p5-09-04 **cortar**
[꼬르따르] 자르다 (-ar 규칙동사)

p5-09-05 **hacer**
[아쎄르] 하다/만들다 (불규칙동사)

It's a completely new way to **learn foreign language vocabulary** fast and easy.

START LEARNING WORDS
WITH THE POWERFUL METHODS!

꼭 필요한 명사 10개!

스페인어 명사는 정관사와 함께 기억해 주십시오.

p5-09-06 **la carne** [까르네] 고기	p5-09-07 **el pescado** [뻬스까도] 생선
p5-09-08 **la carne de res** [까르네 데 레스] 소고기	p5-09-09 **la carne de cerdo** [까르네 데 쎄르도] 돼지고기
p5-09-10 **el pollo** [뽀요] 닭고기	p5-09-11 **el cordero** [꼬르데로] 양고기
p5-09-12 **el huevo** [우에보] 계란	p5-09-13 **el arroz** [아로쓰] 쌀/밥
p5-09-14 **el fideo** [피데오] 국수/면	p5-09-15 **la patata** [빠따따] 감자

It's a completely new way to **learn foreign language vocabulary** fast and easy.

It's a completely new way to learn foreign language vocabulary fast and easy.

START LEARNING WORDS WITH THE POWERFUL METHODS!

THEME

Part 5

It's a completely new way to learn foreign language vocabulary fast and easy.

테마 생활단어

스페인어 테마 생활단어

P5

문장을 완성하는 도우미들!

p5-09-16 **bien**
[비엔] 잘/제대로

p5-09-17 **para**
[빠라] ~를 위해

p5-09-18 **cómo**
[꼬모] 어떻게

단어에서 회화 실력으로!

p5-09-19 **Ella cocina bien.**
[에야 꼬씨나 비엔.] 그녀는 요리를 잘합니다.

p5-09-20 **Hiervo el agua para el café.**
[이에르보 엘 아구아 빠라 엘 까페.] (나는) 커피 물을 끓입니다.

p5-09-21 **¿Cómo asar la carne bien?**
[꼬모 아사르 라 까르네 비엔?] 고기를 어떻게 제대로 굽습니까?

p5-09-22 **Ella corta patatas.**
[에야 꼬르따 빠따따스.] 그녀는 감자를 자릅니다.

It's a completely new way to learn foreign language vocabulary fast and easy.
START LEARNING WORDS WITH THE POWERFUL METHODS!
Learn foreign language vocabulary
SPANISH

10. 가정에서 요리할 때 필요한 스페인어 단어! (2)

가정의 주방에서 맛을 낼 때 필요한 스페인어 단어를 정리했습니다.

It's a completely new way to learn foreign language vocabulary fast and easy.

START LEARNING WORDS WITH THE POWERFUL METHODS!

THEME

Part 5

It's a completely new way to learn foreign language vocabulary fast and easy.

테마 생활단어

스페인어 테마 생활단어

P5

꼭 필요한 동사 5개!
스페인어 동사는 인칭에 따라 어미를 변화시켜야 합니다.

p5-10-01 **poder**
[뽀데르] 할 수 있다 (불규칙동사 **o > ue**)

p5-10-02 **probar**
[쁘로바르] 맛보다 (불규칙동사 **o > ue**)

p5-10-03 **condimentar**
[꼰디멘따르] 양념하다 (**-ar** 규칙동사)

p5-10-04 **poner**
[뽀네르] 넣다 (불규칙동사)

p5-10-05 **preparar**
[쁘레빠라르] 준비하다 (**-ar** 규칙동사)

The vocabularies, the most frequently used words will be with you!

You'll get most frequently used vocabularies.

It's a completely new way to **learn foreign language vocabulary** fast and easy.

START LEARNING WORDS WITH THE POWERFUL METHODS!

꼭 필요한 명사 10개!

스페인어 명사는 정관사와 함께 기억해 주십시오.

p5-10-06 **el condimento**
[꼰디멘또] 양념

p5-10-07 **la sal**
[살] 소금

p5-10-08 **la pimienta**
[삐미엔따] 후추

p5-10-09 **el alimento**
[알리멘또] 식재료

p5-10-10 **la guindilla**
[긴디야] 고추

p5-10-11 **el vinagre**
[비나그레] 식초

p5-10-12 **el ajo**
[아호] 마늘

p5-10-13 **el aceite**
[아쎄이떼] 기름

p5-10-14 **la mayonesa**
[마요네사] 마요네즈

p5-10-15 **el kétchup**
[께춥] 케첩

It's a completely new way to learn foreign language vocabulary fast and easy.

START LEARNING WORDS WITH THE POWERFUL METHODS!

THEME

Part 5

It's a completely new way to learn foreign language vocabulary fast and easy.

테마 생활단어

스페인어 테마 생활단어

P5

문장을 완성하는 도우미들!

p5-10-16 **con**
[꼰] ~와 함께

p5-10-17 **por favor**
[뽀르 파보르] 부탁합니다

p5-10-18 **a**
[아] ~에

p5-10-19 **para la cena**
[빠라 라 쎄나] 저녁식사를 위해

단어에서 회화 실력으로!

p5-10-20 **¿Puedo probar?**
[뿌에도 쁘로바르?] 맛봐도 됩니까?

p5-10-21 **Con kétchup y mayonesa, por favor.**
[꼰 께춥 이 마요네사, 뽀르 파보르] 케첩, 마요네즈와 함께 주세요.

p5-10-22 **Mi madre pone guindilla a la sopa.**
[미 마드레 뽀네 긴디야 아 라 소빠] 우리 엄마는 수프에 고추를 넣는다.

p5-10-23 **Preparo los alimentos para la cena.**
[쁘레빠로 로스 알리멘또스 빠라 라 쎄나]
(나는) 저녁식사를 위한 재료를 준비한다.

11. 가정 가사에서 필요한 스페인어 단어! (청소/설거지)

가사에서 특히 청소와 설거지할 때 필요한 스페인어 단어를 정리했습니다.

꼭 필요한 동사 5개!
스페인어 동사는 인칭에 따라 어미를 변화시켜야 합니다.

p5-11-01 **hacer**
[아쎄르] 하다/만들다 (불규칙동사)

p5-11-02 **limpiar**
[림삐아르] 청소하다 (-ar 규칙동사)

p5-11-03 **ordenar**
[오르데나르] 정리하다 (-ar 규칙동사)

p5-11-04 **desordenar**
[데스오르데나르] 어지럽히다 (-ar 규칙동사)

p5-11-05 **tirar**
[띠라르] 버리다/던지다 (-ar 규칙동사)

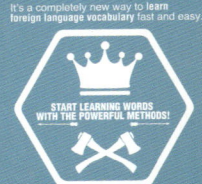

It's a completely new way to **learn foreign language vocabulary** fast and easy.

START LEARNING WORDS WITH THE POWERFUL METHODS!

꼭 필요한 명사 10개!
스페인어 명사는 정관사와 함께 기억해 주십시오.

p5-11-06
la habitación
[아비따씨온] 방

p5-11-07
la basura
[바수라] 쓰레기

p5-11-08
la aspiradora
[아스삐라도라] 진공청소기

p5-11-09
el armario
[아르마리오] 옷장

p5-11-10
el salón
[살론] 거실

p5-11-11
la estantería
[에스딴떼리아] 책장

p5-11-12
la puerta
[뿌에르따] 문

p5-11-13
el balcón
[발꼰] 발코니

p5-11-14
la ventana
[벤따나] 창문

p5-11-15
el jardín
[하르딘] 정원

It's a completely new way to learn foreign language vocabulary fast and easy.

START LEARNING WORDS WITH THE POWERFUL METHODS!

THEME

Part 5

It's a completely new way to learn foreign language vocabulary fast and easy.

테마 생활단어

스페인어 테마 생활단어

P5

문장을 완성하는 도우미들!

p5-11-16 **todos los días**
[또도스 로스 디아스] 매일

p5-11-17 **ordenado/-a**
[오르데나도/다] 정돈된

p5-11-18 **su**
[수] 그의/그녀의/당신의 (소유형용사)

p5-11-19 **bien**
[비엔] 잘

p5-11-20 **con**
[꼰] ~을 가지고

단어에서 회화 실력으로!

p5-11-21 **Ordeno la casa todos los días.**
[오르데노 라 까사 또도스 로스 디아스] (나는) 매일 집을 정리합니다.

p5-11-22 **Ella tira la basura.**
[에야 띠라 라 바수라] 그녀는 쓰레기를 버립니다.

p5-11-23 **Su habitación está bien ordenada.**
[수 아비따씨온 에스따 비엔 오르데나다] 그의 방은 잘 정돈되어 있습니다.

p5-11-24 **Él limpia su habitación con aspiradora.**
[엘 림삐아 수 아비따씨온 꼰 아스삐라도라]
그는 진공청소기로 방을 청소합니다.

p5-11-25 **Limpio ventanas.**
[림삐오 벤따나스] (나는) 창문을 닦습니다.

It's a completely new way to learn foreign language vocabulary fast and easy
START LEARNING WORDS WITH THE POWERFUL METHODS!
Learn foreign language vocabulary
SPANISH

12. 가정 가사에서 필요한 스페인어 단어! (세탁/다림질)

가사에서 특히 세탁과 다림질할 때 필요한 스페인어 단어를 정리했습니다.

It's a completely new way to learn foreign language vocabulary fast and easy.

START LEARNING WORDS WITH THE POWERFUL METHODS!

THEME

Part 5

It's a completely new way to learn foreign language vocabulary fast and easy.

테마 생활단어

스페인어 테마 생활단어

P5

꼭 필요한 동사 5개!
스페인어 동사는 인칭에 따라 어미를 변화시켜야 합니다.

p5-12-01
lavar
[라바르] 씻다/세탁하다 (**-ar** 규칙동사)

p5-12-02
tener
[떼네르] 가지다 (불규칙동사)

p5-12-03
secar
[세까르] 건조시키다 (**-ar** 규칙동사)

p5-12-04
planchar
[쁠란차르] 다림질하다 (**-ar** 규칙동사)

p5-12-05
fregar
[프레가르] 닦다 (불규칙동사 **e > ie**)

The vocabularies, the most frequently used words will be with you!

You'll get most frequently used vocabularies.

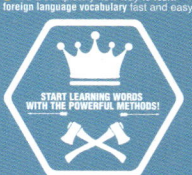

It's a completely new way to **learn foreign language vocabulary** fast and easy.

START LEARNING WORDS WITH THE POWERFUL METHODS!

꼭 필요한 명사 10개!

스페인어 명사는 정관사와 함께 기억해 주십시오.

p5-12-06 **la lavadora**
[라바도라] 세탁기

p5-12-07 **la ropa lavada**
[로빠 라바다] 빨래

p5-12-08 **el detergente**
[데떼르헨떼] 세제

p5-12-09 **el tendedero**
[뗀데데로] 빨래건조대

p5-12-10 **el desodorante**
[데소도란떼] 탈취제

p5-12-11 **la percha**
[뻬르차] 옷걸이

p5-12-12 **la plancha**
[쁠란차] 다리미

p5-12-13 **la pinza**
[삔싸] 빨래집게

p5-12-14 **el trapo**
[뜨라뽀] 걸레

p5-12-15 **la fregona**
[프레고나] 자루걸레

It's a completely new way to learn foreign language vocabulary fast and easy.

START LEARNING WORDS WITH THE POWERFUL METHODS!

THEME

Part 5

It's a completely new way to learn foreign language vocabulary fast and easy.

테마 생활단어

스페인어 테마 생활단어

P5

문장을 완성하는 도우미들!

p5-12-16 **una vez**
[우나 베스] 한 번

p5-12-17 **por semana**
[뽀르 세마나] 일주일에

p5-12-18 **al**
[알] ~에

p5-12-19 **con**
[꼰] ~을 가지고

단어에서 회화 실력으로!

p5-12-20 **Lavo la ropa una vez por semana.**
[라보 라 로빠 우나 베스 뽀르 세마나] (나는) 일주일에 한 번 빨래를 합니다.

p5-12-21 **Ella tiende la ropa en el tendedero.**
[에야 띠엔데 라 로빠 엔 엘 뗀데데로] 그녀는 빨래를 건조대에 넙니다.

p5-12-22 **Él plancha la ropa.**
[엘 쁠란차 라 로빠] 그는 옷을 다립니다.

p5-12-23 **Ella friega con trapo.**
[에야 프리에가 꼰 뜨라뽀] 그녀는 걸레로 닦습니다.

The vocabularies, the most frequently used words will be with you!

You'll get most frequently used vocabularies.

It's a completely new way to learn foreign language vocabulary fast and easy.
START LEARNING WORDS WITH THE POWERFUL METHODS!
Learn foreign language vocabulary
SPANISH

13. 가정 서재에서 필요한 스페인어 단어!

가정의 서재에서 필요한 스페인어 단어를 정리했습니다.

Part 5

테마 생활단어

스페인어 테마 생활단어

꼭 필요한 동사 5개!

스페인어 동사는 인칭에 따라 어미를 변화시켜야 합니다.

p5-13-01 **leer**
[레르] 읽다 (**-er** 규칙동사)

p5-13-02 **escribir**
[에스끄리비르] 쓰다 (**-ir** 규칙동사)

p5-13-03 **apuntar**
[아뿐따르] 메모하다 (**-ar** 규칙동사)

p5-13-04 **abrir**
[아브리르] 열다/펼치다 (**-ir** 규칙동사)

p5-13-05 **poner**
[뽀네르] 놓다 (불규칙동사)

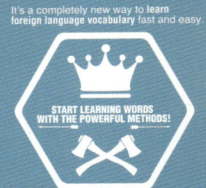

It's a completely new way to learn foreign language vocabulary fast and easy.

START LEARNING WORDS WITH THE POWERFUL METHODS!

꼭 필요한 명사 10개!

스페인어 명사는 정관사와 함께 기억해 주십시오.

p5-13-06 **el estante**
[에스딴떼] 책장

p5-13-07 **la mesa**
[메사] 책상

p5-13-08 **la silla**
[시야] 의자

p5-13-09 **la novela**
[노벨라] 소설

p5-13-10 **el libro**
[리브로] 책

p5-13-11 **la revista**
[레비스따] 잡지

p5-13-12 **el periódico**
[뻬리오디꼬] 신문

p5-13-13 **el lápiz**
[라삐스] 연필

p5-13-14 **el bolígrafo**
[볼리그라포] 볼펜

p5-13-15 **la lámpara**
[람빠라] 스탠드

It's a completely new way to learn foreign language vocabulary fast and easy.

START LEARNING WORDS WITH THE POWERFUL METHODS!

THEME

Part 5

It's a completely new way to learn foreign language vocabulary fast and easy.

테마 생활단어

스페인어 테마 생활단어

P5

문장을 완성하는 도우미들!

p5-13-16 **qué**
[께] 무엇/어떤

p5-13-17 **un/una**
[운/우나] 어떤/하나의

p5-13-18 **de**
[데] ~의/~로부터

p5-13-19 **con**
[꼰] ~을 가지고

단어에서 회화 실력으로!

p5-13-20 **¿Qué libro lees?**
[께 리브로 레스?] (너) 무슨 책 읽니?

p5-13-21 **Leo una novela de Isabel Allende.**
[레오 우나 노벨라 데 이사벨 아옌데.]
(나는) 이사벨 아옌데의 소설을 읽고 있습니다.

p5-13-22 **Él abre una revista.**
[엘 아브레 우나 레비스따.] 그는 잡지를 펼칩니다.

p5-13-23 **Ella apunta con bolígrafo.**
[에야 아뿐따 꼰 볼리그라포.] 그녀는 볼펜으로 메모합니다.

The vocabularies, the most frequently used words will be with you!

You'll get most frequently used vocabularies.

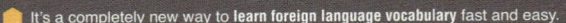

It's a completely new way to learn foreign language vocabulary fast and easy.
START LEARNING WORDS WITH THE POWERFUL METHODS!
Learn foreign language vocabulary
SPANISH

14. 가정 거실에서 필요한 스페인어 단어!

가정의 거실에서 필요한 스페인어 단어를 정리했습니다.

꼭 필요한 동사 5개!

스페인어 동사는 인칭에 따라 어미를 변화시켜야 합니다.

p5-14-01 **ver**
[베르] 보다 (불규칙동사)

p5-14-02 **escuchar**
[에스꾸차르] 듣다 (-ar 규칙동사)

p5-14-03 **encender**
[엔쎈데르] (불/전기제품을) 켜다 (불규칙동사 e > ie)

p5-14-04 **apagar**
[아빠가르] 끄다 (-ar 규칙동사)

p5-14-05 **cambiar**
[깜비아르] (채널을) 돌리다 (-ar 규칙동사)

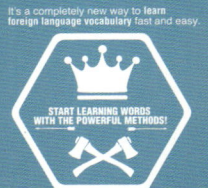

It's a completely new way to **learn foreign language vocabulary** fast and easy.

START LEARNING WORDS WITH THE POWERFUL METHODS!

꼭 필요한 명사 10개!

스페인어 명사는 정관사와 함께 기억해 주십시오.

p5-14-06	**el mueble**	[무에블레] 가구
p5-14-07	**el sofá**	[소파] 소파
p5-14-08	**la mesa**	[메사] 탁자
p5-14-09	**la luz**	[루스] 전등불
p5-14-10	**el armario**	[아르마리오] 옷장
p5-14-11	**el aire acondicionado**	[아이레 아꼰디씨오나도] 에어컨
p5-14-12	**la televisión**	[뗄레비시온] TV
p5-14-13	**el control remoto**	[꼰뜨롤 레모또] 리모컨
p5-14-14	**el altavoz**	[알따보쓰] 스피커
p5-14-15	**la radio**	[라디오] 라디오

It's a completely new way to learn foreign language vocabulary fast and easy.

START LEARNING WORDS WITH THE POWERFUL METHODS!

THEME

Part 5

It's a completely new way to learn foreign language vocabulary fast and easy.

P5

테마 생활단어

스페인어 테마 생활단어

문장을 완성하는 도우미들!

p5-14-16 **cómodo/-a**
[꼬모도/다] 편안한

p5-14-17 **sobre**
[소브레] ~ 위에

p5-14-18 **siempre**
[시엠쁘레] 항상/언제나

p5-14-19 **ahora mismo**
[아오라 미스모] 지금 당장

단어에서 회화 실력으로!

p5-14-20 **Este sofá es muy cómodo.**
[에스떼 소파 에스 무이 꼬모도.] 이 소파는 매우 편안합니다.

p5-14-21 **El control remoto está sobre la mesa.**
[엘 꼰뜨롤 레모또 에스따 소브레 라 메사.]
리모컨은 테이블 위에 있습니다.

p5-14-22 **Ella siempre enciende la luz.**
[에야 시엠쁘레 엔씨엔데 라 루쓰.] 그녀는 항상 전등을 켭니다.

p5-14-23 **¡Apaga la televisión, ahora mismo!**
[아빠가 라 뗄레비시온, 아오라 미스모!] 당장 TV를 꺼라!

It's a completely new way to learn foreign language vocabulary fast and easy.

START LEARNING WORDS WITH THE POWERFUL METHODS!

Learn foreign language vocabulary
SPANISH

15. 가정 샤워실에서 필요한 스페인어 단어!

가정의 샤워실에서 필요한 스페인어 단어를 정리했습니다.

꼭 필요한 동사 5개!
스페인어 동사는 인칭에 따라 어미를 변화시켜야 합니다.

p5-15-01 **ducharse**
[두차르세] 목욕/샤워하다 (재귀동사/-ar 규칙동사)

p5-15-02 **ir**
[이르] 가다 (불규칙동사)

p5-15-03 **lavarse**
[라바르세] 씻다 (재귀동사/-ar 규칙동사)

p5-15-04 **secarse**
[세까르세] 닦다/말리다 (재귀동사/-ar 규칙동사)

p5-15-05 **bañarse**
[바냐르세] 목욕하다 (재귀동사/-ar 규칙동사)

It's a completely new way to learn foreign language vocabulary fast and easy.

START LEARNING WORDS WITH THE POWERFUL METHODS!

꼭 필요한 명사 10개!

스페인어 명사는 정관사와 함께 기억해 주십시오.

p5-15-06 **la ducha** [두차] 샤워	p5-15-07 **el baño** [바뇨] 목욕/목욕실
p5-15-08 **el lavabo** [라바보] 세면대	p5-15-09 **la bañera** [바녜라] 욕조
p5-15-10 **la cabina de ducha** [까비나 데 두차] 샤워부스	p5-15-11 **la bata de baño** [바따 데 바뇨] 샤워가운
p5-15-12 **la toalla** [또아야] 수건	p5-15-13 **el baño de espuma** [바뇨 데 에스뿌마] 거품목욕
p5-15-14 **el champú** [참뿌] 샴푸	p5-15-15 **el jabón** [하본] 비누

Part 5

It's a completely new way to learn foreign language vocabulary fast and easy.

테마 생활단어

스페인어 테마 생활단어

P5

문장을 완성하는 도우미들!

p5-15-16 **todas las noches**
[또다스 라스 노체스] 매일 저녁

p5-15-17 **al**
[알] ~로 (**a + el** 축약형)

p5-15-18 **me**
[메] 나 자신을 (재귀대명사)

p5-15-19 **con**
[꼰] ~와 함께/~으로

p5-15-20 **en**
[엔] ~에서/~ 안에

단어에서 회화 실력으로!

p5-15-21 **Me ducho todas las noches.**
[메 두초 또다스 라스 노체스] 나는 매일 저녁 샤워합니다.

p5-15-22 **Ella va al baño.**
[에야 바 알 바뇨.] 그녀가 샤워실로 갑니다.

p5-15-23 **Me seco con una toalla.**
[메 세꼬 꼰 우나 또아야.] 나는 수건으로 닦습니다.

p5-15-24 **Me lavo la cara en el lavabo.**
[메 라보 라 까라 엔 엘 라바보.] 그는 세면대에서 세수를 합니다.

Learn foreign language vocabulary
SPANISH

16. 가정 침실에서 필요한 스페인어 단어! (취침)

가정의 침실에서 필요한 스페인어 단어를 정리했습니다.
하루를 마무리하는 표현들입니다.

It's a completely new way to **learn**
foreign language vocabulary fast and easy.

Part 5

It's a completely new way to **learn**
foreign language vocabulary fast and easy.

테마 생활단어
스페인어 테마 생활단어

P5

꼭 필요한 동사 5개!
스페인어 동사는 인칭에 따라 어미를 변화시켜야 합니다.

p5-16-01	**dormir**	
●	[도르미르] 잠자다	(불규칙동사 o > ue)

p5-16-02	**soñar**	
●	[소냐르] 꿈꾸다	(불규칙동사 o > ue)

p5-16-03	**ir**	
●	[이르] 가다	(불규칙동사)

p5-16-04	**tener**	
●	[떼네르] 가지다	(불규칙동사)

p5-16-05	**acostarse**	
●	[아꼬스따르세] 눕다	(재귀동사/불규칙동사 o > ue)

● **The vocabularies**, the most frequently used words will **be with you!**

● You'll get most frequently used **vocabularies**

It's a completely new way to **learn**
foreign language vocabulary fast and easy.

It's a completely new way to **learn**
foreign language vocabulary fast and easy.

START LEARNING WORDS
WITH THE POWERFUL METHODS!

꼭 필요한 명사 10개!
스페인어 명사는 정관사와 함께 기억해 주십시오.

p5-16-06	**el sueño**	[수에뇨] 잠/꿈
p5-16-07	**la cama**	[까마] 침대
p5-16-08	**la manta**	[만따] 이불/담요
p5-16-09	**el colchón**	[꼴촌] 매트리스
p5-16-10	**la noche**	[노체] 밤
p5-16-11	**la venda**	[벤다] 안대
p5-16-12	**la almohada**	[알모아다] 베개
p5-16-13	**la noche en blanco**	[노체 엔 블랑꼬] 잠 못 이루는 밤
p5-16-14	**el insomnio**	[인솜니오] 불면증
p5-16-15	**la pesadilla**	[뻬사디야] 악몽

It's a completely new way to learn foreign language vocabulary fast and easy.

START LEARNING WORDS WITH THE POWERFUL METHODS!

THEME

Part 5

It's a completely new way to learn foreign language vocabulary fast and easy.

테마 생활단어

스페인어 테마 생활단어

P5

문장을 완성하는 도우미들!

p5-16-16 **profundamente**
[쁘로푼다멘떼] 깊게

p5-16-17 **mucho/-a**
[무초/-차] 많은

p5-16-18 **soñar con ~**
[소냐르 꼰 ~] 꿈을 꾸다

p5-16-19 **cada**
[까다] ~마다

p5-16-20 **buen(o) / buena**
[부엔/부에나] 좋은

단어에서 회화 실력으로!

p5-16-21 **Duermo profundamente.**
[두에르모 쁘로푼다멘떼.] (나는) 깊게 잠듭니다.

p5-16-22 **Tengo mucho sueño.**
[뗑고 무초 수에뇨.] (나는) 많이 졸립습니다.

p5-16-23 **Ella va a la cama.**
[에야 바 아 라 까마.] 그녀는 침대로 갑니다. (자러 갑니다.)

p5-16-24 **Él sueña con ella cada noche.**
[엘 수에냐 꼰 에야 까다 노체.] 그는 밤마다 그녀의 꿈을 꿉니다.

p5-16-25 **¡Buenas noches!**
[부에나스 노체스!] 잘 자.

The vocabularies, the most frequently used words will be with you!

You'll get most frequently used vocabularies.

It's a completely new way to **learn foreign language vocabulary** fast and easy.

START LEARNING WORDS WITH THE POWERFUL METHODS!

Learn foreign language vocabulary
SPANISH

17. 학교에서 필요한 스페인어 단어! (학교제도)

학교의 제도와 관련된 스페인어 단어를 정리했습니다.

꼭 필요한 동사 5개!

스페인어 동사는 인칭에 따라 어미를 변화시켜야 합니다.

p5-17-01
ir
[이르] 가다/다니다 (불규칙동사)

p5-17-02
estudiar
[에스뚜디아르] 공부하다 (**-ar** 규칙동사)

p5-17-03
entrar
[엔뜨라르] 입학하다/들어가다 (**-ar** 규칙동사)

p5-17-04
graduar
[그라두아르] 졸업하다 (**-ar** 규칙동사)

p5-17-05
sacar
[사까르] (좋은/나쁜 점수를) 얻다 (**-ar** 규칙동사)

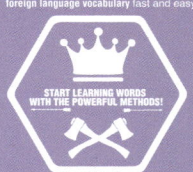

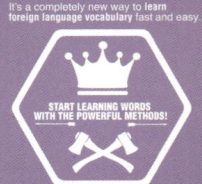

It's a completely new way to learn foreign language vocabulary fast and easy.

START LEARNING WORDS WITH THE POWERFUL METHODS!

꼭 필요한 명사 10개!

스페인어 명사는 정관사와 함께 기억해 주십시오.

p5-17-06 **el sistema escolar** [시스떼마 에스꼴라르] 학제	p5-17-07 **la educación** [에두까씨온] 교육
p5-17-08 **los estudios** [에스뚜디오스] 학업	p5-17-09 **la escuela** [에스꾸엘라] 학교/초등학교
p5-17-10 **la guardería** [구아르데리아] 유치원	p5-17-11 **la primaria** [쁘리마리아] 초등학교
p5-17-12 **la secundaria** [세꾼다리아] 중고등학교	p5-17-13 **la universidad** [우니베르시닷] 대학교
p5-17-14 **la nota** [노따] 학점/점수	p5-17-15 **el examen** [엑싸멘] 시험

Part 5

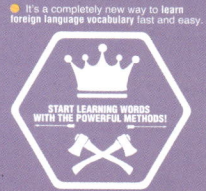

It's a completely new way to learn foreign language vocabulary fast and easy.

테마 생활단어

스페인어 테마 생활단어

P5

문장을 완성하는 도우미들!

p5-17-16 **a**
[아] ~에

p5-17-17 **mismo/-a**
[미스모/-마] 같은/동일한

p5-17-18 **buenas notas**
[부에나스 노따스] 좋은 점수

p5-17-19 **malas notas**
[말라스 노따스] 나쁜 점수

단어에서 회화 실력으로!

p5-17-20 **Él entra a la secundaria.**
[엘 엔뜨라 아 라 세꾼다리아.] 그는 중학교에 들어갑니다.

p5-17-21 **Ellos estudian en la misma secundaria.**
[에요스 에스뚜디안 엔 라 미스마 세꾼다리아.]
그들은 같은 고등학교에서 공부합니다.

p5-17-22 **Saco buenas notas en el examen.**
[사꼬 부에나스 노따스 엔 엘 엑싸멘.] (나는) 시험에서 좋은 성적을 얻습니다.

p5-17-23 **Él saca malas notas.**
[엘 사까 말라스 노따스.] 그는 성적이 나쁩니다.

18. 학교 교실에서 필요한 스페인어 단어! (교실)

학교의 교실에서 필요한 스페인어 단어를 정리했습니다.

꼭 필요한 동사 5개!

스페인어 동사는 인칭에 따라 어미를 변화시켜야 합니다.

p5-18-01 **enseñar**
[엔세냐르] 가르치다 (-ar 규칙동사)

p5-18-02 **aprender**
[아쁘렌데르] 배우다 (-er 규칙동사)

p5-18-03 **tener**
[떼네르] 가지다 (불규칙동사)

p5-18-04 **escribir**
[에스끄리비르] 쓰다 (-ir 규칙동사)

p5-18-05 **leer**
[레르] 읽다 (-er 규칙동사)

It's a completely new way to **learn foreign language vocabulary** fast and easy.

START LEARNING WORDS WITH THE POWERFUL METHODS!

꼭 필요한 명사 10개!

스페인어 명사는 정관사와 함께 기억해 주십시오.

p5-18-06	**la clase** [끌라세] 수업/교실	p5-18-07	**el aula** [아울라] 교실
p5-18-08	**el curso** [꾸르소] 수업/과정	p5-18-09	**el descanso** [데스깐소] 휴식
p5-18-10	**el profesor** [쁘로페소르] 남자 교사	p5-18-11	**la profesora** [쁘로페소라] 여자 교사
p5-18-12	**el/la estudiante** [에스뚜디안떼] 남/여 학생	p5-18-13	**la pizarra** [삐싸라] 칠판
p5-18-14	**la mesa** [메사] 책상	p5-18-15	**la silla** [시야] 의자

문장을 완성하는 도우미들!

p5-18-16 **hoy**
[오이] 오늘

p5-18-17 **en**
[엔] ~에

p5-18-18 **estos días**
[에스또스 디아스] 요즘

p5-18-19 **un rato**
[운 라또] 잠시

단어에서 회화 실력으로!

p5-18-20 **Aprendemos español.**
[아쁘렌데모스 에스빠뇰] (우리는) 스페인어를 배우고 있습니다.

p5-18-21 **Tengo clase hoy.**
[뗑고 끌라세 오이.] (나는) 오늘 수업이 있습니다.

p5-18-22 **La profesora escribe en la pizarra.**
[라 쁘로페소라 에스끄리베 엔 라 삐싸라] 선생님은 칠판에 씁니다.

p5-18-23 **Estos días leo una novela.**
[에스또스 디아스 레오 우나 노벨라.] (나는) 요즘 소설을 읽습니다.

p5-18-24 **Tenemos un rato de descanso.**
[떼네모스 운 라또 데 데스깐소.] (우리들은) 잠시 휴식을 갖습니다.

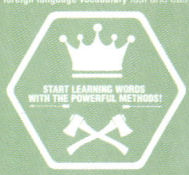

It's a completely new way to **learn foreign language vocabulary** fast and easy.

START LEARNING WORDS WITH THE POWERFUL METHODS!

Learn foreign language vocabulary
SPANISH

19. 학교 교실에서 필요한 스페인어 단어! (수업)

학교의 교실, 수업시간에 필요한 스페인어 단어를 정리했습니다.

꼭 필요한 동사 5개!

스페인어 동사는 인칭에 따라 어미를 변화시켜야 합니다.

p5-19-01 **dar**
[다르] 주다 (불규칙동사)

p5-19-02 **explicar**
[엑스쁠리까르] 설명하다 (-ar 규칙동사)

p5-19-03 **preguntar**
[쁘레군따르] 질문하다 (-ar 규칙동사)

p5-19-04 **resolver**
[레솔베르] 해결하다 (불규칙동사 o > ue)

p5-19-05 **entender**
[엔뗀데르] 이해하다 (불규칙동사 e > ie)

It's a completely new way to **learn foreign language vocabulary** fast and easy.

START LEARNING WORDS WITH THE POWERFUL METHODS!

꼭 필요한 명사 10개!

스페인어 명사는 정관사와 함께 기억해 주십시오.

p5-19-06	**la lección** [렉씨온] 과	p5-19-07	**el vocabulario** [보까불라리오] 단어
p5-19-08	**el texto** [떽스또] 교과서	p5-19-09	**la frase** [프라세] 문장
p5-19-10	**la clase** [끌라세] 수업	p5-19-11	**el ejemplo** [에헴쁠로] 예제
p5-19-12	**la página** [빠히나] 페이지	p5-19-13	**el ejercicio** [에헤르씨씨오] 연습
p5-19-14	**la pregunta** [쁘레군따] 물음	p5-19-15	**la respuesta** [레스뿌에스따] 대답

It's a completely new way to learn foreign language vocabulary fast and easy.

START LEARNING WORDS WITH THE POWERFUL METHODS!

THEME

Part 5

It's a completely new way to learn foreign language vocabulary fast and easy.

테마 생활단어

스페인어 테마 생활단어

P5

문장을 완성하는 도우미들!

p5-19-16 **otra vez**
[오뜨라 베쓰] 한 번 더

p5-19-17 **este / esta**
[에스떼 / 에쓰따] 이 (남/녀 지시형용사)

p5-19-18 **nos**
[노스] 우리에게

p5-19-19 **en clase**
[엔 끌라세] 수업 중에

단어에서 회화 실력으로!

p5-19-20 **El profesor nos explica otra vez.**
[엘 쁘로페소르 노스 엑쓰쁠리까 오뜨라 베쓰]
선생님은 우리에게 한 번 더 설명합니다.

p5-19-21 **Él no resuelve esta pregunta.**
[엘 노 레수엘베 에스따 쁘레군따.] 그는 이 문제를 풀지 못합니다.

p5-19-22 **Él pregunta en clase.**
[엘 쁘레군따 엔 끌라세.] 그는 수업시간에 질문을 합니다.

p5-19-23 **No entiendo esta frase.**
[노 엔띠엔도 에스따 프라세.]
나는 이 문장을 이해하지 못합니다.

The vocabularies, the most frequently used words will be with you!

You'll get most frequently used vocabularies.

It's a completely new way to learn foreign language vocabulary fast and easy.

START LEARNING WORDS WITH THE POWERFUL METHODS!

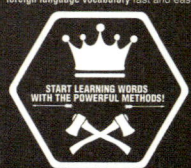

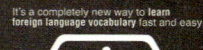

Learn foreign language vocabulary
SPANISH

20. 학교 교실에서 필요한 스페인어 단어! (과목)

학교의 수업 과목에 대한 스페인어 단어를 정리했습니다.

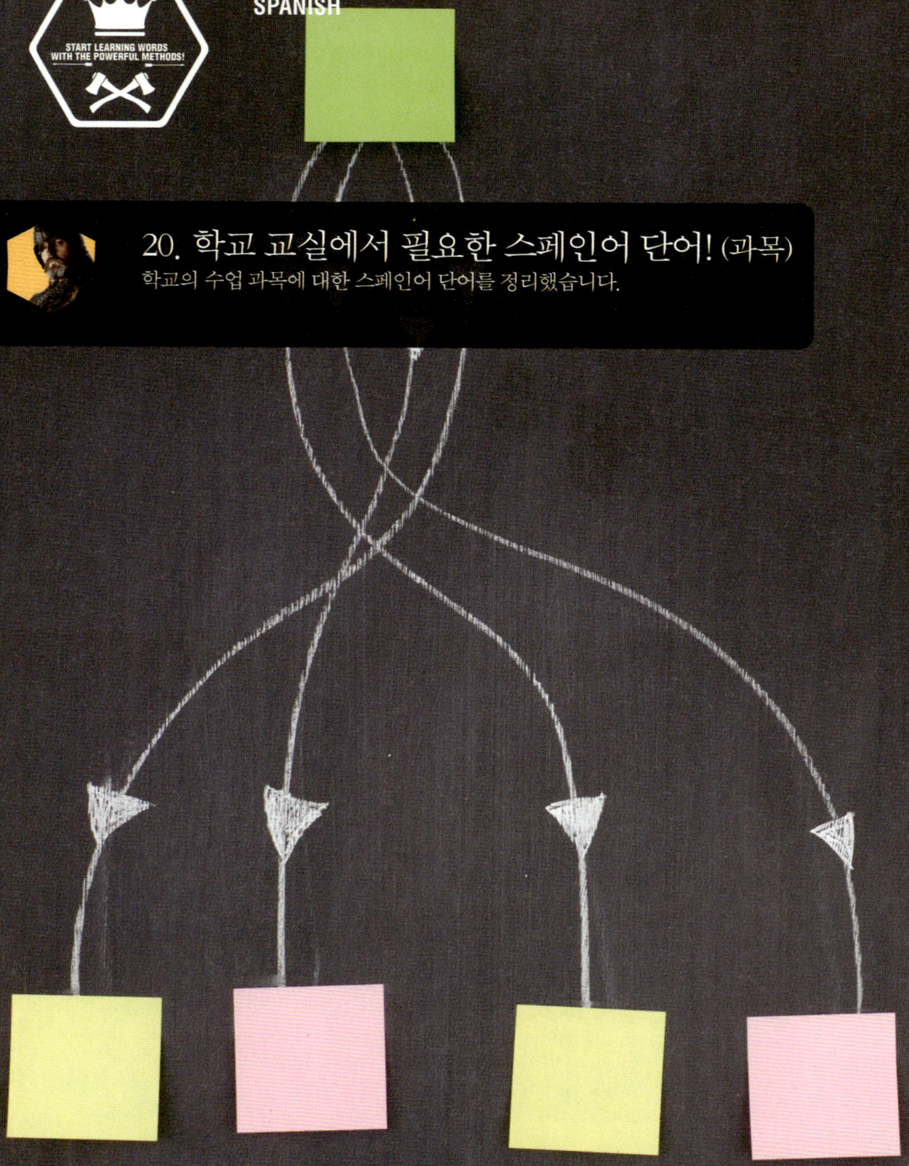

꼭 필요한 동사 5개!

스페인어 동사는 인칭에 따라 어미를 변화시켜야 합니다.

p5-20-01 **aprender**
[아쁘렌데르] 배우다 (-er 규칙동사)

p5-20-02 **enseñar**
[엔쎄냐르] 가르치다 (-ar 규칙동사)

p5-20-03 **tener**
[떼네르] 가지고 있다 (불규칙동사)

p5-20-04 **apuntar**
[아뿐따르] 필기하다 (-ar 규칙동사)

p5-20-05 **discutir**
[디스꾸띠르] 토의하다 (-ir 규칙동사)

꼭 필요한 명사 10개!
스페인어 명사는 정관사와 함께 기억해 주십시오.

p5-20-06 **la tarea**
[따레아] 과제/숙제

p5-20-07 **el español**
[에스빠뇰] 스페인어

p5-20-08 **la lengua materna**
[렝구아 마떼르나] 모국어

p5-20-09 **el coreano**
[꼬레아노] 한국어

p5-20-10 **la lengua extranjera**
[렝구아 엑스뜨랑헤라] 외국어

p5-20-11 **el inglés**
[잉글레스] 영어

p5-20-12 **las matemáticas**
[마떼마띠까스] 수학

p5-20-13 **la física**
[피시까] 물리학

p5-20-14 **la química**
[끼미까] 화학

p5-20-15 **la historia**
[이스또리아] 역사

문장을 완성하는 도우미들!

p5-20-16 **en la universidad**
[엔 라 우니베르시닷] 대학에서

p5-20-17 **ya**
[야] 이미

p5-20-18 **de**
[데] ~에 대해/~로 부터

p5-20-19 **bien**
[비엔] 잘

단어에서 회화 실력으로!

p5-20-20 **Él enseña química en la universidad.**
[엘 엔세냐 끼미까 엔 라 우니베르시닷.]
그는 대학에서 화학을 가르칩니다.

p5-20-21 **Ella aprende la lengua extranjera.**
[에야 아쁘렌데 라 렝구아 엑스뜨랑헤라.] 그녀는 외국어를 배웁니다.

p5-20-22 **Ya tenemos la tarea de español.**
[야 떼네모스 라 따레아 데 에스빠뇰.]
(우리는) 이미 스페인어 숙제가 있습니다.

p5-20-23 **Él hace bien las matemáticas.**
[엘 아쎄 비엔 라스 마떼마띠까스.] 그는 수학을 잘 합니다.

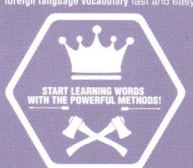

It's a completely new way to learn foreign language vocabulary fast and easy

START LEARNING WORDS WITH THE POWERFUL METHODS!

Learn foreign language vocabulary **SPANISH**

21. 학교에서 필요한 스페인어 단어! (대학시설)

대학교의 시설 관련 스페인어 단어를 정리했습니다.

꼭 필요한 동사 5개!

스페인어 동사는 인칭에 따라 어미를 변화시켜야 합니다.

p5-21-01 **estar**
[에스따르] ~에/~한 상태에 있다 (불규칙동사)

p5-21-02 **hay**
[아이] ~가 있다 (불규칙동사)

p5-21-03 **buscar**
[부스까르] 찾다 (**-ar** 규칙동사)

p5-21-04 **vivir**
[비비르] 지내다/살다 (**-ir** 규칙동사)

p5-21-05 **preparar**
[쁘레빠라르] 준비하다 (**-ar** 규칙동사)

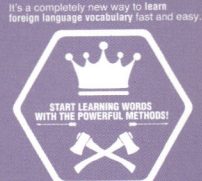

It's a completely new way to **learn foreign language vocabulary** fast and easy.

START LEARNING WORDS WITH THE POWERFUL METHODS!

꼭 필요한 명사 10개!

스페인어 명사는 정관사와 함께 기억해 주십시오.

p5-21-06	**la universidad**	[우니베르시닷] 대학교
p5-21-07	**la facultad**	[파꿀땃] 학부
p5-21-08	**la carrera**	[까레라] 전공
p5-21-09	**el instituto**	[인스띠뚜또] 연구소
p5-21-10	**el laboratorio**	[라보라또리오] 실험실
p5-21-11	**el aula**	[아울라] 강의실/교실
p5-21-12	**la biblioteca**	[비블리오떼까] 도서관
p5-21-13	**el comedor**	[꼬메도르] 식당
p5-21-14	**la cantina**	[깐띠나] 매점
p5-21-15	**la residencia**	[레시덴씨아] 학생기숙사

문장을 완성하는 도우미들!

p5-21-16 **dónde**
[돈데] 어디

p5-21-17 **al lado de ~**
[알 라도 데 ~] ~ 옆에

p5-21-18 **en**
[엔] ~에

p5-21-19 **un / una**
[운/ 우나] 어떤/하나의

단어에서 회화 실력으로!

p5-21-20 **¿Dónde está el laboratorio?**
[돈데 에스따 엘 라보라또리오?] 실험실은 어디입니까?

p5-21-21 **La biblioteca está al lado de la cantina.**
[라 비블리오떼까 에스따 알 라도 데 라 깐띠나.] 도서관은 매점 옆에 있습니다.

p5-21-22 **¿Hay una cantina en la universidad?**
[아이 우나 깐띠나 엔 라 우니베르시닷?]
대학교내에 매점이 있습니까?

p5-21-23 **El estudiante vive en la residencia.**
[엘 에스뚜디안떼 비베 엔 라 레시덴씨아.]
그 학생은 학생기숙사에 삽니다.

It's a completely new way to **learn foreign language vocabulary** fast and easy.

START LEARNING WORDS WITH THE POWERFUL METHODS!

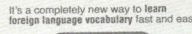

Learn foreign language vocabulary
SPANISH

22. 학교에서 필요한 스페인어 단어! (대학전공)

대학교의 전공과 관련된 스페인어 단어를 정리했습니다.

꼭 필요한 동사 5개!
스페인어 동사는 인칭에 따라 어미를 변화시켜야 합니다.

p5-22-01 **ser**
[세르] ~이다 (불규칙동사)

p5-22-02 **estudiar**
[에스뚜디아르] 공부하다 (**-ar** 규칙동사)

p5-22-03 **hacer**
[아쎄르] 하다/만들다 (불규칙동사)

p5-22-04 **enseñar**
[엔쎄냐르] 가르치다 (**-ar** 규칙동사)

p5-22-05 **aprender**
[아쁘렌데르] 배우다 (**-er** 규칙동사)

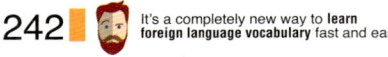

It's a completely new way to **learn foreign language vocabulary** fast and easy.

START LEARNING WORDS WITH THE POWERFUL METHODS!

꼭 필요한 명사 10개!
스페인어 명사는 정관사와 함께 기억해 주십시오.

p5-22-06 **la carrera**
[까레라] 전공

p5-22-07 **la asignatura**
[아시그나뚜라] 과목

p5-22-08 **la filosofía**
[필로소피아] 철학

p5-22-09 **la sociología**
[소씨올로히아] 사회학

p5-22-10 **la pedagogía**
[뻬다고히아] 교육학

p5-22-11 **la arquitectura**
[아르끼떽뚜라] 건축학

p5-22-12 **la ley**
[레이] 법학/법

p5-22-13 **la informática**
[인포르마띠까] 정보과학

p5-22-14 **la administración**
[아드미니스뜨라씨온] 경영학

p5-22-15 **la economía**
[에꼬노미아] 경제학

문장을 완성하는 도우미들!

p5-22-16 **cuál**
[꾸알] 어떤 것/무엇

p5-22-17 **qué**
[께] 무엇/어떤

p5-22-18 **favorito/-a**
[파보리또/따] 좋아하는

p5-22-19 **y**
[이] 그리고

단어에서 회화 실력으로!

p5-22-20 **¿Cuál es tu carrera?**
[꾸알 에스 뚜 까레라?]
네 전공이 뭐니?

p5-22-21 **Mi carrera es sociología.**
[미 까레라 에스 소씨올로히아.] 나의 전공은 사회학입니다.

p5-22-22 **¿Qué estudias en la universidad?**
[께 에스뚜디아스 엔 라 우니베르시닷?] (너는) 대학에서 무엇을 공부하니?

p5-22-23 **Mi asignatura favorita es filosofía.**
[미 아시그나뚜라 파보리따 에스 필로소피아.]
내가 좋아하는 과목은 철학입니다.

p5-22-24 **Estudio economía y administración.**
[에스뚜디오 에꼬노미아 이 아드미니스뜨라씨온.]
나는 경제학과 경영학을 공부합니다.

It's a completely new way to learn foreign language vocabulary fast and easy.
START LEARNING WORDS WITH THE POWERFUL METHODS!
Learn foreign language vocabulary
SPANISH

23. 학교에서 필요한 스페인어 단어! (대학수업)

대학교의 수업과 관련된 스페인어 단어를 정리했습니다.

It's a completely new way to learn foreign language vocabulary fast and easy.

START LEARNING WORDS WITH THE POWERFUL METHODS!

THEME

Part 5

It's a completely new way to learn foreign language vocabulary fast and easy.

테마 생활단어

스페인어 테마 생활단어

P5

꼭 필요한 동사 5개!

스페인어 동사는 인칭에 따라 어미를 변화시켜야 합니다.

p5-23-01 **tener**
[떼네르] 가지고 있다 (불규칙동사)

p5-23-02 **asistir**
[아시스띠르] 출석하다 (-ir 규칙동사)

p5-23-03 **hay**
[아이] ~이 있다 (불규칙동사)

p5-23-04 **presentar**
[쁘레센따르] 제출하다 (-ar 규칙동사)

p5-23-05 **preparar**
[쁘레빠라르] 준비하다 (-ar 규칙동사)

The vocabularies, the most frequently used words will be with you!

You'll get most frequently used vocabularies.

It's a completely new way to **learn foreign language vocabulary** fast and easy.

START LEARNING WORDS WITH THE POWERFUL METHODS!

꼭 필요한 명사 10개!
스페인어 명사는 정관사와 함께 기억해 주십시오.

p5-23-06 **el profesor**
[쁘로페소르] 남자 교수

p5-23-07 **la profesora**
[쁘로페소라] 여자 교수

p5-23-08 **el estudiante universitario**
[에스뚜디안떼 우니베르시따리오] 대학생

p5-23-09 **la estudiante universitaria**
[에스뚜디안떼 우니베르시따리아] 여대생

p5-23-10 **la conferencia**
[꼰페렌씨아] 강연

p5-23-11 **la presentación**
[쁘레센따씨온] 발표

p5-23-12 **el seminario**
[세미나리오] 세미나

p5-23-13 **el examen**
[엑싸멘] 시험

p5-23-14 **el trabajo**
[뜨라바호] 리포트

p5-23-15 **el informe**
[인포르메] 보고서

Part 5

테마 생활단어

스페인어 테마 생활단어

문장을 완성하는 도우미들!

p5-23-16 **un/una**
[운/우나] 어떤/하나의

p5-23-17 **mañana**
[마냐나] 내일

p5-23-18 **especial**
[에스뻬씨알] 특별한

p5-23-19 **al**
[알] ~에 (a + el 축약형)

p5-23-20 **su**
[수] 그의/그녀의/당신의

단어에서 회화 실력으로!

p5-23-21 **Ella prepara su presentación.**
[에야 쁘레빠라 수 쁘레센따씨온.] 그녀는 발표를 준비합니다.

p5-23-22 **Hay una conferencia especial mañana.**
[아이 우나 꼰페렌씨아 에스뻬씨알 마냐나.] 내일은 특별 강연회가 있습니다.

p5-23-23 **Tengo 3 exámenes hoy.**
[뗑고 뜨레스 엑싸메네스 오이.] (나는) 오늘 시험을 3개 봅니다.

p5-23-24 **Ella asiste al seminario.**
[에야 아시스떼 알 세미나리오.]
그녀가 세미나에 참석합니다.

p5-23-25 **Él presenta su trabajo de economía.**
[엘 쁘레센따 수 뜨라바호 데 에꼬노미아.]
그는 경제학 리포트를 제출합니다.

24. 학교에서 필요한 스페인어 단어! (대학생활)

대학교의 일상 생활과 관련된 스페인어 단어를 정리했습니다.

It's a completely new way to learn foreign language vocabulary fast and easy.

START LEARNING WORDS WITH THE POWERFUL METHODS!

THEME

Part 5

It's a completely new way to learn foreign language vocabulary fast and easy.

테마 생활단어

스페인어 테마 생활단어

P5

꼭 필요한 동사 5개!
스페인어 동사는 인칭에 따라 어미를 변화시켜야 합니다.

p5-24-01 **estudiar**
[에스뚜디아르] 공부하다 (-ar 규칙동사)

p5-24-02 **estar**
[에스따르] ~에/~한 상태에 있다 (불규칙동사)

p5-24-03 **obtener**
[옵떼네르] 받다/획득하다 (불규칙동사)

p5-24-04 **ser**
[세르] ~이다 (불규칙동사)

p5-24-05 **trabajar**
[뜨라바하르] 일하다/실습하다 (-ar 규칙동사)

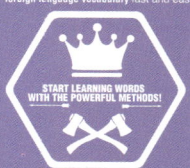

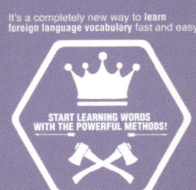

꼭 필요한 명사 10개!
스페인어 명사는 정관사와 함께 기억해 주십시오.

p5-24-06 **el año (escolar)**
[아뇨 (에스꼴라르)] 학년

p5-24-07 **el semestre**
[세메스뜨레] 학기

p5-24-08 **el semestre de verano**
[세메스뜨레 데 베라노] 여름학기

p5-24-09 **el semestre de invierno**
[세메스뜨레 데 인비에르노] 겨울학기

p5-24-10 **el/la pasante**
[빠산떼] 실습생

p5-24-11 **la beca**
[베까] 장학금

p5-24-12 **el estudio en el extranjero**
[에스뚜디오 엔 엘 엑스뜨랑헤로] 유학

p5-24-13 **el examen de graduación**
[엑싸멘 데 그라두아씨온] 졸업시험

p5-24-14 **las vacaciones**
[바까씨오네스] 방학

p5-24-15 **el trabajo subsidiario**
[뜨라바호 숩시디아리오] 아르바이트

문장을 완성하는 도우미들!

p5-24-16 **segundo/-a**
[세군도/다] 두 번째의

p5-24-17 **en**
[엔] ~ 안에

p5-24-18 **este/esta**
[에스떼/에스따] 이 (남/녀 지시형용사)

p5-24-19 **como**
[꼬모] ~처럼/~와 같이

p5-24-20 **para**
[빠라] ~를 위해

단어에서 회화 실력으로!

p5-24-21 **¿En qué año estás?**
[엔 께 아뇨 에스따스?] (너) 몇 학년이니?

p5-24-22 **Estoy en segundo año.**
[에스또이 엔 세군도 아뇨.] (나는) 2학년입니다.

p5-24-23 **Este semestre obtengo una beca.**
[에스떼 세메스뜨레 옵뗑고 우나 베까.] (나는) 이번 학기에 장학금을 받는다.

p5-24-24 **Ella trabaja como pasante en ZARA.**
[에야 뜨라바하 꼬모 빠산떼 엔 싸라.]
그녀는 자라(zara)에서 실습생으로 일합니다.

p5-24-25 **Él estudia mucho para el examen.**
[엘 에스뚜디아 무초 빠라 엘 엑싸멘.] 그는 시험을 위해 열심히 공부합니다.

It's a completely new way to learn foreign language vocabulary fast and easy.
START LEARNING WORDS WITH THE POWERFUL METHODS!
Learn foreign language vocabulary SPANISH

25. 학교 도서관에서 필요한 스페인어 단어!

학교 도서관에서 필요한 스페인어 단어를 정리했습니다.

It's a completely new way to learn foreign language vocabulary fast and easy.

START LEARNING WORDS WITH THE POWERFUL METHODS!

THEME

Part 5

It's a completely new way to learn foreign language vocabulary fast and easy.

테마 생활단어

스페인어 테마 생활단어

P5

꼭 필요한 동사 5개!
스페인어 동사는 인칭에 따라 어미를 변화시켜야 합니다.

p5-25-01 **leer**
[레르] 읽다 (-er 규칙동사)

p5-25-02 **devolver**
[데볼베르] 반납하다 (불규칙동사 o > ue)

p5-25-03 **prestar**
[쁘레스따르] 빌리다 (-ar 규칙동사)

p5-25-04 **gustar**
[구스따르] 좋아하다 (-ar 규칙동사)

p5-25-05 **poder**
[뽀데르] 할 수 있다 (불규칙동사 o > ue)

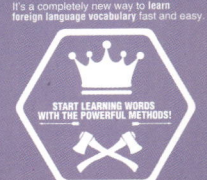

It's a completely new way to **learn foreign language vocabulary** fast and easy.

START LEARNING WORDS WITH THE POWERFUL METHODS!

꼭 필요한 명사 10개!

스페인어 명사는 정관사와 함께 기억해 주십시오.

p5-25-06 **la biblioteca**
[비블리오떼까] 도서관/서가

p5-25-07 **la sala de lectura**
[살라 데 렉뚜라] 열람실

p5-25-08 **el libro**
[리브로] 책

p5-25-09 **el diccionario**
[딕씨오나리오] 사전

p5-25-10 **el libro electrónico**
[리브로 엘렉뜨로니꼬] 전자책

p5-25-11 **la revista**
[레비스따] 잡지

p5-25-12 **el periódico**
[뻬리오디꼬] 신문

p5-25-13 **el estante**
[에스딴떼] 책장

p5-25-14 **la mesa**
[메사] 책상

p5-25-15 **la búsqueda de libros**
[부스께다 데 리브로스] 도서검색

It's a completely new way to learn foreign language vocabulary fast and easy.

START LEARNING WORDS WITH THE POWERFUL METHODS!

THEME

Part 5

It's a completely new way to learn foreign language vocabulary fast and easy.

테마 생활단어

스페인어 테마 생활단어

P5

문장을 완성하는 도우미들!

p5-25-16 **me**
[메] 나에게

p5-25-17 **tarde**
[따르데] 늦게

p5-25-18 **al máximo**
[알 막씨모] 최대

p5-25-19 **atrasado**
[아뜨라사도] 연체된

p5-25-20 **varios/-as**
[바리오스/아스] 다양한

단어에서 회화 실력으로!

p5-25-21 **Me gusta leer.**
[메 구스따 레르] 나는 책 읽는 것을 좋아합니다.

p5-25-22 **Ella devuelve libros tarde.**
[에야 데부엘베 리브로스 따르데] 그녀는 책들을 늦게 반납합니다.

p5-25-23 **Podemos prestar al máximo 15 libros.**
[뽀데모스 쁘레스따르 알 막씨모 낀쎄 리브로스]
(우리들은) 최대 15 권을 대출할 수 있습니다.

p5-25-24 **Él tiene atrasado 2 libros.**
[엘 띠에네 아뜨라사도 도스 리브로스] 그는 두 권의 책을 연체 중입니다.

p5-25-25 **Ella lee varios libros.**
[에야 레 바리오스 리브로스] 그녀는 다양한 책들을 읽습니다.

Learn
foreign language
vocabulary
SPANISH

26. 학교 체육관에서 필요한 스페인어 단어!

학교 체육관에서 필요한 스페인어 단어를 정리했습니다.

It's a completely new way to learn foreign language vocabulary fast and easy.

START LEARNING WORDS WITH THE POWERFUL METHODS!

THEME

Part 5

It's a completely new way to learn foreign language vocabulary fast and easy.

테마 생활단어

스페인어 테마 생활단어

P5

꼭 필요한 동사 5개!
스페인어 동사는 인칭에 따라 어미를 변화시켜야 합니다.

p5-26-01 **jugar**
[후가르] 운동하다/놀다 (불규칙동사 **u > ue**)

p5-26-02 **practicar**
[쁘락띠까르] 연습하다/행하다 (**-ar** 규칙동사)

p5-26-03 **ganar**
[가나르] 이기다 (**-ar** 규칙동사)

p5-26-04 **perder**
[뻬르데르] 지다 (불규칙동사 **e > ie**)

p5-26-05 **entrenarse**
[엔뜨레나르세] 훈련하다 (재귀동사/**-ar** 규칙동사)

The vocabularies, the most frequently used words will be with you!

You'll get most frequently used vocabularies.

It's a completely new way to learn foreign language vocabulary fast and easy.

START LEARNING WORDS WITH THE POWERFUL METHODS!

꼭 필요한 명사 10개!

스페인어 명사는 정관사와 함께 기억해 주십시오.

p5-26-06 **el deporte** [데뽀르떼] 스포츠

p5-26-07 **el gimnasio** [힘나시오] 체육관

p5-26-08 **el estadio** [에스따디오] 경기장

p5-26-09 **el campo** [깜뽀] 운동장

p5-26-10 **el juego** [후에고] 경기/놀이

p5-26-11 **el partido** [빠르띠도] 시합/경기

p5-26-12 **el equipo** [에끼뽀] 팀/선수단

p5-26-13 **la pelota** [뻴로따] 공

p5-26-14 **el fútbol** [풋볼] 축구

p5-26-15 **el tenis** [떼니스] 테니스

문장을 완성하는 도우미들!

p5-26-16 **jugar a ~**
[후가르 아 ~] ~을 하다

p5-26-17 **ahora**
[아오라] 지금

p5-26-18 **mucho**
[무초] 많이/열심히

p5-26-19 **para**
[빠라] ~을 위해

단어에서 회화 실력으로!

p5-26-20 **¿Qué deporte practica?**
[께 데뽀르떼 쁘락띠까?] 어떤 운동을 하니?

p5-26-21 **Juego al fútbol.**
[후에고 알 풋볼.] (나는) 축구해.

p5-26-22 **¿Qué equipo gana ahora?**
[께 에끼뽀 가나 아오라?] 지금 어느 팀이 이기고 있습니까?

p5-26-23 **Ella se entrena mucho para el partido.**
[에야 세 엔뜨레나 무초 빠라 엘 빠르띠도.]
그녀는 시합을 위해 열심히 훈련합니다.

It's a completely new way to **learn foreign language vocabulary** fast and easy.

START LEARNING WORDS WITH THE POWERFUL METHODS!

Learn foreign language vocabulary
SPANISH

27. 회사에서 필요한 스페인어 단어! (구직활동)

회사에 들어갈 때 필요한 스페인어 단어를 정리했습니다.

It's a completely new way to learn foreign language vocabulary fast and easy.

START LEARNING WORDS WITH THE POWERFUL METHODS!

THEME

Part 5

It's a completely new way to learn foreign language vocabulary fast and easy.

테마 생활단어

스페인어 테마 생활단어

P5

꼭 필요한 동사 5개!

스페인어 동사는 인칭에 따라 어미를 변화시켜야 합니다.

p5-27-01 **buscar**
[부스까르] 찾다 (-ar 규칙동사)

p5-27-02 **solicitar**
[솔리씨따르] 지원하다 (-ar 규칙동사)

p5-27-03 **trabajar**
[뜨라바하르] 일하다 (-ar 규칙동사)

p5-27-04 **presentar**
[쁘레센따르] 제출하다 (-ar 규칙동사)

p5-27-05 **emplear**
[엠쁠레아르] 채용하다 (-ar 규칙동사)

It's a completely new way to **learn foreign language vocabulary** fast and easy.

START LEARNING WORDS WITH THE POWERFUL METHODS!

꼭 필요한 명사 10개!

스페인어 명사는 정관사와 함께 기억해 주십시오.

p5-27-06	**la ocupación** [오꾸빠씨온] 직업	p5-27-07	**la empresa** [엠쁘레사] 회사
p5-27-08	**el trabajo** [뜨라바호] 일/직장	p5-27-09	**el desempleo** [데스엠쁠레오] 실업
p5-27-10	**la carrera** [까레라] 경력	p5-27-11	**el empleo** [엠쁠레오] 일자리
p5-27-12	**el CV** [쎄우베] 이력서	p5-27-13	**la experiencia** [엑스뻬리엔씨아] 경험
p5-27-14	**la solicitud** [솔리씨뚜드] 지원서	p5-27-15	**la entrevista** [엔뜨레비스따] 면접

It's a completely new way to learn foreign language vocabulary fast and easy.

START LEARNING WORDS WITH THE POWERFUL METHODS!

THEME

Part 5

It's a completely new way to learn foreign language vocabulary fast and easy.

테마 생활단어

스페인어 테마 생활단어

P5

문장을 완성하는 도우미들!

p5-27-16 **estable**
[에스따블레] 안정적인

p5-27-17 **a**
[아] ~에

p5-27-18 **con**
[꼰] ~와 함께

p5-27-19 **su**
[수] 그/그녀/당신의

단어에서 회화 실력으로!

p5-27-20 **¿Cuál es su trabajo?**
[꾸알 에스 수 뜨라바호?] 당신의 직업은 무엇입니까?

p5-27-21 **Busco un empleo estable.**
[부스꼬 운 엠쁠레오 에스따블레] (나는) 안정된 일자리를 찾고 있습니다.

p5-27-22 **Presento mi CV a la empresa.**
[쁘레센또 미 쎄우베 아 라 엠쁘레사] 나는 회사에 이력서를 제출합니다.

p5-27-23 **Ella tiene una entrevista con la empresa.**
[에야 띠에네 우나 엔뜨레비스따 꼰 라 엠쁘레사]
그녀는 기업의 면접을 봅니다.

It's a completely new way to **learn foreign language vocabulary** fast and easy.

START LEARNING WORDS WITH THE POWERFUL METHODS!

Learn foreign language vocabulary
SPANISH

28. 회사에서 필요한 스페인어 단어! (급료)

회사에서 급료와 관련된 스페인어 단어를 정리했습니다.

Part 5
테마 생활단어
스페인어 테마 생활단어

꼭 필요한 동사 5개!
스페인어 동사는 인칭에 따라 어미를 변화시켜야 합니다.

p5-28-01 **ganar**
[가나르] 벌다 (-ar 규칙동사)

p5-28-02 **recibir**
[레씨비르] 받다 (-ir 규칙동사)

p5-28-03 **prolongar**
[쁘로롱가르] 연장하다 (-ar 규칙동사)

p5-28-04 **aumentar**
[아우멘따르] 오르다 (-ar 규칙동사)

p5-28-05 **bajar**
[바하르] 내리다 (-ar 규칙동사)

꼭 필요한 명사 10개!

스페인어 명사는 정관사와 함께 기억해 주십시오.

p5-28-06 **el sueldo**
[수엘도] 급여

p5-28-07 **el sueldo anual**
[수엘도 아누알] 연봉

p5-28-08 **el sueldo mensual**
[수엘도 멘수알] 월급

p5-28-09 **el sueldo por hora**
[수엘도 뽀르 오라] 시급

p5-28-10 **la paga extra**
[빠가 엑스뜨라] 보너스

p5-28-11 **el impuesto**
[임뿌에스또] 세금

p5-28-12 **el despido**
[데스삐도] 해고

p5-28-13 **la jubilación**
[후빌라씨온] 퇴직

p5-28-14 **la pensión**
[뺀시온] 연금

p5-28-15 **la pensión de jubilación**
[뺀시온 데 후빌라씨온] 퇴직금

Part 5

테마 생활단어

스페인어 테마 생활단어

문장을 완성하는 도우미들!

p5-28-16 **cuánto**
[꾸안또] 얼마나

p5-28-17 **por mes**
[뽀르 메스] 한 달마다

p5-28-18 **el euro**
[에우로] 유로

p5-28-19 **por hora**
[뽀르 오라] 1시간 당

단어에서 회화 실력으로!

p5-28-20 **¿Cuánto ganas por mes?**
[꾸안또 가나스 뽀르 메스?] (너는) 한 달에 얼마나 버니?

p5-28-21 **El sueldo aumenta.**
[엘 수엘도 아우멘따.] 급여가 오릅니다.

p5-28-22 **Él recibe la paga extra.**
[엘 레씨베 라 빠가 엑스뜨라.] 그는 보너스를 받습니다.

p5-28-23 **Mi sueldo son 12 euros por hora.**
[미 수엘도 손 도쎄 에우로스 뽀르 오라.] 내 시급은 12유로입니다.

p5-28-24 **Mi padre recibe una pensión.**
[미 빠드레 레씨베 우나 뻰시온 .] 나의 아버지는 연금을 받습니다.

29. 회사에서 필요한 스페인어 단어! (회사의 조직과 직책)

회사의 조직과 직책에 관련된 스페인어 단어를 정리했습니다.

It's a completely new way to learn **foreign language vocabulary** fast and easy.

START LEARNING WORDS WITH THE POWERFUL METHODS!

THEME

Part 5

It's a completely new way to learn **foreign language vocabulary** fast and easy.

테마 생활단어

스페인어 테마 생활단어

P5

꼭 필요한 동사 5개!
스페인어 동사는 인칭에 따라 어미를 변화시켜야 합니다.

p5-29-01
informar
[인포르마르] 보고하다 (-ar 규칙동사)

p5-29-02
dividir
[디비디르] 나누다/분업하다 (-ir 규칙동사)

p5-29-03
encargarse
[엔까르가르세] 담당하다 (재귀동사/-ar 규칙동사)

p5-29-04
organizar
[오르가니싸르] 조직하다 (-ar 규칙동사)

p5-29-05
trabajar
[뜨라바하르] 일하다 (-ar 규칙동사)

It's a completely new way to learn foreign language vocabulary fast and easy.

START LEARNING WORDS WITH THE POWERFUL METHODS!

꼭 필요한 명사 10개!

스페인어 명사는 정관사와 함께 기억해 주십시오.

p5-29-06 **el presidente**
[쁘레시덴떼] 남자 회장

p5-29-07 **la presidenta**
[쁘레시덴따] 여자 회장

p5-29-08 **el jefe**
[헤페] 남자 상사

p5-29-09 **la jefa**
[헤파] 여자 상사

p5-29-10 **el empleado**
[엠쁠레아도] 남자 직원

p5-29-11 **la empleada**
[엠쁠레아다] 여자 직원

p5-29-12 **el compañero**
[꼼빠녜로] 남자 동료

p5-29-13 **el asalariado**
[아살라리아도] 샐러리맨

p5-29-14 **la empresa**
[엠쁘레사] 회사/기업

p5-29-15 **la división**
[디비시온] 부서

문장을 완성하는 도우미들!

p5-29-16 **mismo/-a**
[미스모/마] 같은/동일한

p5-29-17 **nuevo/-a**
[누에보/바] 새로운

p5-29-18 **le**
[레] 그/그녀/당신에게

p5-29-19 **detalladamente**
[데따야다멘떼] 상세하게

단어에서 회화 실력으로!

p5-29-20 **Soy asalariado.**
[소이 아살라리아도.] (나는) 샐러리맨입니다.

p5-29-21 **Los empleados dividen el trabajo.**
[로스 엠쁠레아도스 디비덴 엘 뜨라바호.] 직원들은 일을 분담합니다.

p5-29-22 **Él organiza una nueva división.**
[엘 오르가니싸 우나 누에바 디비시온.] 그는 새로운 부서를 조직합니다.

p5-29-23 **Trabajamos en la misma división.**
[뜨라바하모스 엔 라 미스마 디비시온.] (우리들은) 같은 부서에서 일합니다.

p5-29-24 **Le informo a mi jefe detalladamente.**
[레 인포르모 아 미 헤페 데따야다멘떼.] 나는 상사에게 상세하게 보고합니다.

It's a completely new way to learn
foreign language vocabulary fast and easy.
START LEARNING WORDS
WITH THE POWERFUL METHODS!
Learn
foreign language
vocabulary
SPANISH

30. 회사에서 필요한 스페인어 단어! (회사업무)

회사의 업무와 관련하여 필요한 스페인어 단어를 정리했습니다.

Part 5

테마 생활단어

스페인어 테마 생활단어

꼭 필요한 동사 5개!
스페인어 동사는 인칭에 따라 어미를 변화시켜야 합니다.

p5-30-01 **escribir**
[에스끄리비르] 쓰다 (-ir 규칙동사)

p5-30-02 **hacer**
[아쎄르] 하다/만들다 (불규칙동사)

p5-30-03 **tener**
[떼네르] 가지고 있다 (불규칙동사)

p5-30-04 **ir**
[이르] 가다 (불규칙동사)

p5-30-05 **trabajar**
[뜨라바하르] 일하다 (-ar 규칙동사)

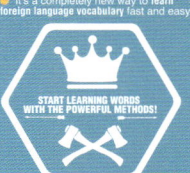

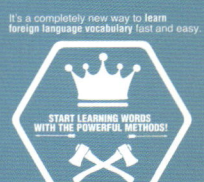

꼭 필요한 명사 10개!

스페인어 명사는 정관사와 함께 기억해 주십시오.

p5-30-06	**la empresa**	[엠쁘레사] 회사
p5-30-07	**la oficina**	[오피씨나] 사무실
p5-30-08	**las horas de oficina**	[오라스 데 오피씨나] 근무시간
p5-30-09	**las horas extras**	[오라스 엑쓰뜨라스] 잔업시간
p5-30-10	**el trabajo**	[뜨라바호] 업무
p5-30-11	**el viaje de negocios**	[비아헤 데 네고씨오스] 출장
p5-30-12	**la reunión**	[레우니온] 회의
p5-30-13	**el informe**	[인포르메] 보고서
p5-30-14	**la cita**	[씨따] 약속
p5-30-15	**el documento**	[도꾸멘또] 서류

It's a completely new way to learn foreign language vocabulary fast and easy.

START LEARNING WORDS WITH THE POWERFUL METHODS!

THEME

Part 5

It's a completely new way to learn foreign language vocabulary fast and easy.

테마 생활단어

스페인어 테마 생활단어

P5

문장을 완성하는 도우미들!

p5-30-16 **un/una**
[운/우나] 어떤/하나의

p5-30-17 **de**
[데] ~의

p5-30-18 **cuántos/-as**
[꾸안또스/-따스] 얼마나

p5-30-19 **al día**
[알 디아] 하루에

단어에서 회화 실력으로!

p5-30-20 **Ella escribe un informe.**
[에야 에스끄리베 운 인포르메] 그녀는 보고서를 씁니다.

p5-30-21 **Voy de viaje de negocios.**
[보이 데 비아헤 데 네고씨오스] (나는) 출장을 갑니다.

p5-30-22 **Tengo una cita.**
[땡고 우나 씨따] (나는) 약속이 있습니다.

p5-30-23 **Estamos de reunión.**
[에스따모스 데 레우니온] (우리는) 회의 중입니다.

p5-30-24 **¿Cuántas horas trabajas al día?**
[꾸안따스 오라스 뜨라바하스 알 디아?] 하루에 몇 시간 일하니?

The vocabularies, the most frequently used words will be with you!

You'll get most frequently used vocabularies.

31. 회사에서 필요한 스페인어 단어! (사무용품)

회사의 사무용품과 관련된 스페인어 단어를 정리했습니다.

Part 5

테마 생활단어

스페인어 테마 생활단어

꼭 필요한 동사 5개!

스페인어 동사는 인칭에 따라 어미를 변화시켜야 합니다.

p5-31-01 **arreglar**
[아레글라르] 정돈하다 (-ar 규칙동사)

p5-31-02 **poner**
[뽀네르] 놓다/넣다 (불규칙동사)

p5-31-03 **escribir**
[에스끄리비르] 쓰다 (-ir 규칙동사)

p5-31-04 **traer**
[뜨라에르] 가져오다 (불규칙동사)

p5-31-05 **trabajar**
[뜨라바하르] 일하다 (-ar 규칙동사)

꼭 필요한 명사 10개!
스페인어 명사는 정관사와 함께 기억해 주십시오.

p5-31-06 **la mesa** [메사] 책상	p5-31-07 **la carpeta** [까르뻬따] 서류철
p5-31-08 **el documento** [도꾸멘또] 서류	p5-31-09 **la maleta** [말레따] 서류가방
p5-31-10 **el cajón** [까혼] 서랍	p5-31-11 **las tijeras** [띠헤라스] 가위
p5-31-12 **el calendario** [깔렌다리오] 캘린더	p5-31-13 **el bolígrafo** [볼리그라포] 볼펜
p5-31-14 **el papel** [빠뻴] 종이/용지	p5-31-15 **la basura** [바수라] 쓰레기통

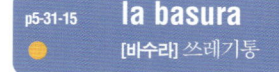

It's a completely new way to learn foreign language vocabulary fast and easy.

START LEARNING WORDS WITH THE POWERFUL METHODS!

THEME

Part 5

It's a completely new way to learn foreign language vocabulary fast and easy.

테마 생활단어

스페인어 테마 생활단어

P5

문장을 완성하는 도우미들!

p5-31-16 **en**
[엔] ~안에

p5-31-17 **me**
[메] 나에게

p5-31-18 **por favor**
[뽀르 파보르] 부탁합니다

단어에서 회화 실력으로!

p5-31-19 **Ella arregla la mesa.**
[에야 아레글라 라 메사.]
그녀는 책상을 정리합니다.

p5-31-20 **Él pone el documento en el cajón.**
[엘 뽀네 엘 도구멘또 엔 엘 까혼.]
그는 서류를 서랍 속에 넣습니다.

p5-31-21 **Tráigame la carpeta, por favor.**
[뜨라이가메 라 까르뻬따, 뽀르 파보르.]
서류철 좀 나에게 가져다주세요.

It's a completely new way to **learn foreign language vocabulary** fast and easy.

START LEARNING WORDS WITH THE POWERFUL METHODS!

Learn foreign language vocabulary **SPANISH**

32. 회사에서 필요한 스페인어 단어! (사무기기)

회사의 사무기기와 관련된 스페인어 단어를 정리했습니다.

Part 5

테마 생활단어

스페인어 테마 생활단어

꼭 필요한 동사 5개!

스페인어 동사는 인칭에 따라 어미를 변화시켜야 합니다.

p5-32-01 **imprimir**
[임쁘리미르] 인쇄하다 (-ir 규칙동사)

p5-32-02 **enviar**
[엔비아르] 보내다 (-ar 규칙동사)

p5-32-03 **copiar**
[꼬삐아르] 복사하다 (-ar 규칙동사)

p5-32-04 **funcionar**
[푼씨오나르] 작동하다 (-ar 규칙동사)

p5-32-05 **manejar**
[마네하르] 다루다/조작하다 (-ar 규칙동사)

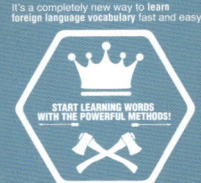

It's a completely new way to **learn foreign language vocabulary** fast and easy.

START LEARNING WORDS WITH THE POWERFUL METHODS!

꼭 필요한 명사 10개!

스페인어 명사는 정관사와 함께 기억해 주십시오.

p5-32-06 **la impresora**
[임쁘레소라] 프린터

p5-32-07 **la fotocopiadora**
[포또꼬삐아도라] 복사기

p5-32-08 **el fax**
[팍쓰] 팩스

p5-32-09 **el escáner**
[에스까네르] 스캐너

p5-32-10 **el ordenador**
[오르데나도르] 컴퓨터

p5-32-11 **el ordenador portátil**
[오르데나도르 뽀르따띨] 노트북

p5-32-12 **la calculadora**
[깔꿀라도라] 계산기

p5-32-13 **el diccionario electrónico**
[딕씨오나리오 엘렉뜨로니꼬] 전자사전

p5-32-14 **la mesa**
[메사] 책상

p5-32-15 **el cartucho**
[까르뚜초] 카트리지

It's a completely new way to learn **foreign language vocabulary** fast and easy.

START LEARNING WORDS WITH THE POWERFUL METHODS!

THEME

Part 5

It's a completely new way to learn **foreign language vocabulary** fast and easy.

테마 생활단어

스페인어 테마 생활단어

P5

문장을 완성하는 도우미들!

p5-32-16 **me**
[메] 나에게

p5-32-17 **un/una**
[운/우나] 어떤/하나의

p5-32-18 **bien**
[비엔] 잘

p5-32-19 **mi**
[미] 나의 (소유형용사)

p5-32-20 **estropeado/-a**
[에스뜨로뻬아도/-다] 고장난

단어에서 회화 실력으로!

p5-32-21 **Él me envía un fax.**
[엘 메 엔비아 운 팍스] 그는 나에게 팩스를 보낸다.

p5-32-22 **Ella copia un documento.**
[에야 꼬삐아 운 도꾸멘또] 그녀는 서류를 복사합니다.

p5-32-23 **Ella maneja bien la impresora.**
[에야 마네하 비엔 라 임쁘레소라] 그녀는 프린터를 잘 다룹니다.

p5-32-24 **Mi ordenador está estropeado.**
[미 오르데나도르 에스따 에스뜨로뻬아도] 내 컴퓨터가 고장났습니다.

p5-32-25 **La impresora no funciona bien.**
[라 임쁘레소라 노 푼씨오나 비엔]
프린터가 잘 작동하지 않습니다.

33. 회사에서 필요한 스페인어 단어! (컴퓨터 업무)

회사의 컴퓨터 업무와 관련된 스페인어 단어를 정리했습니다.

It's a completely new way to learn foreign language vocabulary fast and easy.

START LEARNING WORDS WITH THE POWERFUL METHODS!

THEME

Part 5

It's a completely new way to learn foreign language vocabulary fast and easy.

테마 생활단어

스페인어 테마 생활단어

P5

꼭 필요한 동사 5개!
스페인어 동사는 인칭에 따라 어미를 변화시켜야 합니다.

p5-33-01 **cliquear**
[끌리께아르] 클릭하다 (-ar 규칙동사)

p5-33-02 **teclear**
[떼끌레아르] 입력하다 (-ar 규칙동사)

p5-33-03 **guardar**
[구아르다르] 저장하다 (-ar 규칙동사)

p5-33-04 **instalar**
[인스딸라르] 설치하다 (-ar 규칙동사)

p5-33-05 **descargar**
[데스까르가르] 다운로드하다 (-ar 규칙동사)

꼭 필요한 명사 10개!

스페인어 명사는 정관사와 함께 기억해 주십시오.

p5-33-06 **el ordenador personal**
[오르데나도르 뻬르소날] 개인용컴퓨터

p5-33-07 **la pantalla**
[빤따야] 모니터

p5-33-08 **el teclado**
[떼끌라도] 키보드

p5-33-09 **el ratón**
[라똔] 마우스

p5-33-10 **el programa**
[쁘로그라마] 프로그램

p5-33-11 **los datos**
[다또스] 데이터

p5-33-12 **la carpeta**
[까르뻬따] 폴더

p5-33-13 **el archivo**
[아르치보] 파일

p5-33-14 **el cable**
[까블레] 케이블

p5-33-15 **el archivo adjunto**
[아르치보 아드훈또] 첨부파일

It's a completely new way to learn foreign language vocabulary fast and easy.

START LEARNING WORDS WITH THE POWERFUL METHODS!

THEME

Part 5

It's a completely new way to learn foreign language vocabulary fast and easy.

테마 생활단어

스페인어 테마 생활단어

P5

문장을 완성하는 도우미들!

p5-33-16 **nuevo/-a**
[누에보/바] 새로운

p5-33-17 **muy**
[무이] 매우

p5-33-18 **rápidamente**
[라삐다멘떼] 빠르게

p5-33-19 **dos veces**
[도스 베쎄스] 두 번

단어에서 회화 실력으로!

p5-33-20 **Ella instala el nuevo programa.**
[에야 인스땔라 엘 누에보 쁘로그라마] 그녀는 새로운 프로그램을 설치합니다.

p5-33-21 **Él teclea muy rápidamente.**
[엘 떼끌레아 무이 라삐다멘떼] 그는 매우 빠르게 입력합니다.

p5-33-22 **Cliquee con el ratón dos veces.**
[끌리께에 꼰 엘 라똔 도스 베쎄스] 마우스를 두 번 클릭하세요.

p5-33-23 **Él guarda los archivos.**
[엘 구아르다 로스 아르치보스] 그는 파일들을 저장합니다.

p5-33-24 **Ella descarga los datos.**
[에야 데스까르가 로스 다또스] 그녀는 데이터를 다운로드합니다.

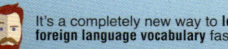

It's a completely new way to **learn foreign language vocabulary** fast and easy

START LEARNING WORDS WITH THE POWERFUL METHODS!

Learn foreign language vocabulary SPANISH

34. 회사에서 필요한 스페인어 단어! (이메일 업무)

회사에서 이메일 업무를 할 때 필요한 스페인어 단어를 정리했습니다.

꼭 필요한 동사 5개!
스페인어 동사는 인칭에 따라 어미를 변화시켜야 합니다.

p5-34-01 **escribir**
[에스끄리비르] 쓰다 (-ir 규칙동사)

p5-34-02 **enviar**
[엔비아르] 보내다 (-ar 규칙동사)

p5-34-03 **recibir**
[레씨비르] 받다 (-ir 규칙동사)

p5-34-04 **conectar**
[꼬넥따르] 연결하다 (-ar 규칙동사)

p5-34-05 **adjuntar**
[아드훈따르] 첨부하다 (-ar 규칙동사)

It's a completely new way to **learn foreign language vocabulary** fast and easy.

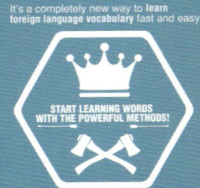

START LEARNING WORDS WITH THE POWERFUL METHODS!

꼭 필요한 명사 10개!
스페인어 명사는 정관사와 함께 기억해 주십시오.

p5-34-06	**el internet**	[인떼르넷] 인터넷
p5-34-07	**el sitio web**	[시띠오 웹] 웹사이트
p5-34-08	**la página web**	[빠히나 웹] 웹페이지
p5-34-09	**el e-mail**	[이-메일] 이메일
p5-34-10	**la dirección de e-mail**	[디렉씨온 데 이-메일] 이메일 주소
p5-34-11	**el mensaje**	[멘사헤] 메시지
p5-34-12	**la contraseña**	[꼰뜨라세냐] 비밀번호
p5-34-13	**el archivo**	[아르치보] 파일
p5-34-14	**wi-fi**	[위피] 무선인터넷
p5-34-15	**la red**	[렛] 통신망

It's a completely new way to learn foreign language vocabulary fast and easy.

START LEARNING WORDS WITH THE POWERFUL METHODS!

THEME

Part 5

It's a completely new way to learn foreign language vocabulary fast and easy.

테마 생활단어

스페인어 테마 생활단어

P5

문장을 완성하는 도우미들!

p5-34-16 **le**
[레] 그/그녀/당신에게

p5-34-17 **mucho**
[무초] 많이

p5-34-18 **por**
[뽀르] ~으로/~을 통해

p5-34-19 **un/una**
[운/우나] 어떤/하나의

단어에서 회화 실력으로!

p5-34-20 **Le escribo un e-mail a ella.**
[레 에스끄리보 운 이-메일 아 에야.]
(나는) 그녀에게 이메일을 씁니다.

p5-34-21 **Ella recibe muchos e-mail.**
[에야 레씨베 무초스 이-메일.] 그녀는 많은 이메일을 받습니다.

p5-34-22 **Él envía los datos por e-mail.**
[엘 엔비아 로스 다또스 뽀르 이-메일.] 그는 데이터를 이메일로 보냅니다.

p5-34-23 **Conecto a internet.**
[꼬넥또 아 인떼르넷.] (나는) 인터넷에 접속합니다.

p5-34-24 **Ella adjunta un archivo por e-mail.**
[에야 아드훈따 운 아르치보 뽀르 이-메일.] 그녀는 이메일로 파일을 첨부합니다.

35. 회사에서 필요한 스페인어 단어! (전화통화)

회사에서 전화통화를 할 때 필요한 스페인어 단어를 정리했습니다.

It's a completely new way to learn foreign language vocabulary fast and easy.

START LEARNING WORDS WITH THE POWERFUL METHODS!

THEME

Part 5

It's a completely new way to learn foreign language vocabulary fast and easy.

테마 생활단어

스페인어 테마 생활단어

P5

꼭 필요한 동사 5개!
스페인어 동사는 인칭에 따라 어미를 변화시켜야 합니다.

p5-35-01 **llamar**
[야마르] 전화를 걸다 (**-ar** 규칙동사)

p5-35-02 **responder**
[레스뽄데르] 전화를 받다 (**-er** 규칙동사)

p5-35-03 **hablar**
[아블라르] 말하다 (**-ar** 규칙동사)

p5-35-04 **querer**
[께레르] 원하다 (불규칙동사 **e > ie**)

p5-35-05 **pasar**
[빠사르] (전화를) 연결시켜주다 (**-ar** 규칙동사)

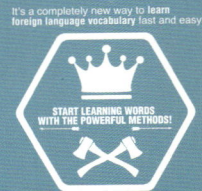

꼭 필요한 명사 10개!
스페인어 명사는 정관사와 함께 기억해 주십시오.

p5-35-06 **el teléfono**
[뗄레포노] 전화

p5-35-07 **el móvil**
[모빌] 휴대폰

p5-35-08 **la llamada**
[야마다] 통화

p5-35-09 **el mensaje**
[멘사헤] 메시지

p5-35-10 **la extensión**
[엑스뗀시온] 내선

p5-35-11 **la llamada de emergencia**
[야마다 데 에메르헨씨아] 긴급통화

p5-35-12 **el número de teléfono**
[누메로 데 뗄레포노] 전화번호

p5-35-13 **el código de área**
[꼬디고 데 아레아] 지역번호

p5-35-14 **la línea**
[리네아] (통신)선

p5-35-15 **el directorio telefónico**
[디렉또리오 뗄레포니꼬] 전화번호부

It's a completely new way to learn foreign language vocabulary fast and easy.

START LEARNING WORDS WITH THE POWERFUL METHODS!

THEME

Part 5

It's a completely new way to learn foreign language vocabulary fast and easy.

테마 생활단어

스페인어 테마 생활단어

P5

문장을 완성하는 도우미들!

p5-35-16 **este/esta**
[에스떼/에스따] 이것 (남/녀 지시대명사)

p5-35-17 **con**
[꼰] ~와 함께

p5-35-18 **quién**
[끼엔] 누구

p5-35-19 **ocupado/-a**
[오꾸빠도/다] 통화중인

단어에서 회화 실력으로!

p5-35-20 **Quiero hablar con Bernar.**
[끼에로 아블라르 꼰 베르나르]
베르나르와 말(통화)하고 싶습니다.

p5-35-21 **¿Con quién hablo?**
[꼰 끼엔 아블로?] 누구십니까?

p5-35-22 **Este es Víctor.**
[에스떼 에스 빅또르] 여기는 빅또르입니다.

p5-35-23 **La línea está ocupada.**
[라 리네아 에스따 오꾸빠다.] 전화가 통화 중입니다.

The vocabularies, the most frequently used words will be with you!

You'll get most frequently used vocabularies.

It's a completely new way to **learn foreign language vocabulary** fast and easy.

START LEARNING WORDS WITH THE POWERFUL METHODS!

Learn foreign language vocabulary
SPANISH

36. 교통수단 이용에 필요한 스페인어 단어! (버스/택시)

교통수단, 버스와 택시를 이용할 때 필요한 스페인어 단어를 정리했습니다.

It's a completely new way to learn **foreign language vocabulary** fast and easy.

START LEARNING WORDS WITH THE POWERFUL METHODS!

THEME

Part 5

It's a completely new way to learn **foreign language vocabulary** fast and easy.

테마 생활단어

스페인어 테마 생활단어

P5

꼭 필요한 동사 5개!

스페인어 동사는 인칭에 따라 어미를 변화시켜야 합니다.

p5-36-01 **ir**
[이르] 가다 (불규칙동사)

p5-36-02 **tomar**
[또마르] ~을 타다 (**-ar** 규칙동사)

p5-36-03 **esperar**
[에스뻬라르] 기다리다 (**-ar** 규칙동사)

p5-36-04 **perder**
[뻬르데르] 놓치다 (불규칙동사 **e >ie**)

p5-36-05 **parar**
[빠라르] 멈추다 (**-ar** 규칙동사)

It's a completely new way to **learn foreign language vocabulary** fast and easy.

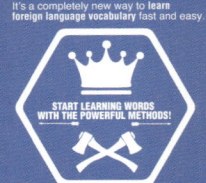

START LEARNING WORDS WITH THE POWERFUL METHODS!

꼭 필요한 명사 10개!
스페인어 명사는 정관사와 함께 기억해 주십시오.

p5-36-06 **el taxi**
[딱씨] 택시

p5-36-07 **la parada de taxi**
[빠라다 데 딱씨] 택시정류장

p5-36-08 **el autobús**
[아우또부스] 버스

p5-36-09 **la parada de autobús**
[빠라다 데 아우또부스] 버스정류장

p5-36-10 **el tráfico**
[뜨라피꼬] 교통체증

p5-36-11 **la carretera**
[까레떼라] 도로

p5-36-12 **los peatones**
[뻬아또네스] 횡단보도

p5-36-13 **el semáforo**
[세마포로] 신호등

p5-36-14 **la señal de tráfico**
[세냘 데 뜨라피꼬] 교통표지

p5-36-15 **el cruce**
[끄루쎄] 교차로

문장을 완성하는 도우미들!

p5-36-16 **a**
[아] ~에

p5-36-17 **a pie**
[아 삐에] 걸어서

p5-36-18 **en**
[엔] ~에

p5-36-19 **mucho/-a**
[무초/차] 많은

단어에서 회화 실력으로!

p5-36-20 **Voy a la parada de autobús a pie.**
[보이 아 라 빠라다 데 아우또부스 아 삐에.]
나는 걸어서 버스정류장으로 갑니다.

p5-36-21 **¿Usted toma el autobús ?**
[우스뗏 또마 엘 아우또부스?]
당신은 버스를 타고 가십니까?

p5-36-22 **Él espera el autobús.**
[엘 에스뻬라 엘 아우또부스.] 그는 버스를 기다립니다.

p5-36-23 **Hay mucho tráfico en la carretera.**
[아이 무초 뜨라피꼬 엔 라 까레떼라.] 도로에 교통체증이 심합니다.

It's a completely new way to **learn foreign language vocabulary** fast and easy.

START LEARNING WORDS WITH THE POWERFUL METHODS!

Learn foreign language vocabulary

SPANISH

37. 교통수단 이용에 필요한 스페인어 단어! (기차/지하철)

교통수단, 특히 기차와 지하철을 이용할 때 필요한 스페인어 단어를 정리했습니다.

Part 5

It's a completely new way to learn foreign language vocabulary fast and easy.

테마 생활단어

스페인어 테마 생활단어

P5

꼭 필요한 동사 5개!

스페인어 동사는 인칭에 따라 어미를 변화시켜야 합니다.

p5-37-01 **llegar**
[예가르] 도착하다 (-ar 규칙동사)

p5-37-02 **salir**
[살리르] 출발하다 (불규칙동사)

p5-37-03 **subir**
[수비르] 타다/ 올라가다 (-ir 규칙동사)

p5-37-04 **bajar**
[바하르] 내리다 (-ar 규칙동사)

p5-37-05 **cambiar**
[깜비아르] 환승하다 (-ar 규칙동사)

It's a completely new way to **learn foreign language vocabulary** fast and easy.

START LEARNING WORDS WITH THE POWERFUL METHODS!

꼭 필요한 명사 10개!
스페인어 명사는 정관사와 함께 기억해 주십시오.

p5-37-06 **el tren**
[뜨렌] 기차

p5-37-07 **el metro**
[메뜨로] 지하철

p5-37-08 **la estación**
[에스따씨온] 기차역

p5-37-09 **la estación de metro**
[에스따씨온 데 메뜨로] 지하철역

p5-37-10 **el andén**
[안덴] 플랫폼

p5-37-11 **la línea**
[리네아] 노선/줄

p5-37-12 **el billete**
[비예떼] 탑승권

p5-37-13 **la ventanilla**
[벤따니야] 매표소

p5-37-14 **la entrada**
[엔뜨라다] 입구

p5-37-15 **la salida**
[살리다] 출구

Part 5

It's a completely new way to learn foreign language vocabulary fast and easy.

테마 생활단어

스페인어 테마 생활단어

P5

문장을 완성하는 도우미들!

p5-37-16 **en**
[엔] (교통수단)을 타고

p5-37-17 **a**
[아] ~에/~로

p5-37-18 **¿a qué hora?**
[아 께 오라?] 몇 시에?

p5-37-19 **directamente**
[디렉따멘떼] 곧바로

단어에서 회화 실력으로!

p5-37-20 **Él se va a casa en metro.**
[엘 세 바 아 까사 엔 메뜨로] 그는 지하철을 타고 집으로 갑니다.

p5-37-21 **¿A qué hora llega el tren a Toledo?**
[아 께 오라 예가 엘 뜨렌 아 똘레도?]
기차는 톨레도에 몇 시에 도착합니까?

p5-37-22 **El tren va directamente a París.**
[엘 뜨렌 바 디렉따멘떼 아 빠리스] 기차는 파리로 직행합니다.

p5-37-23 **Cambio la línea.**
[깜비오 라 리네아] (나는) 환승합니다.

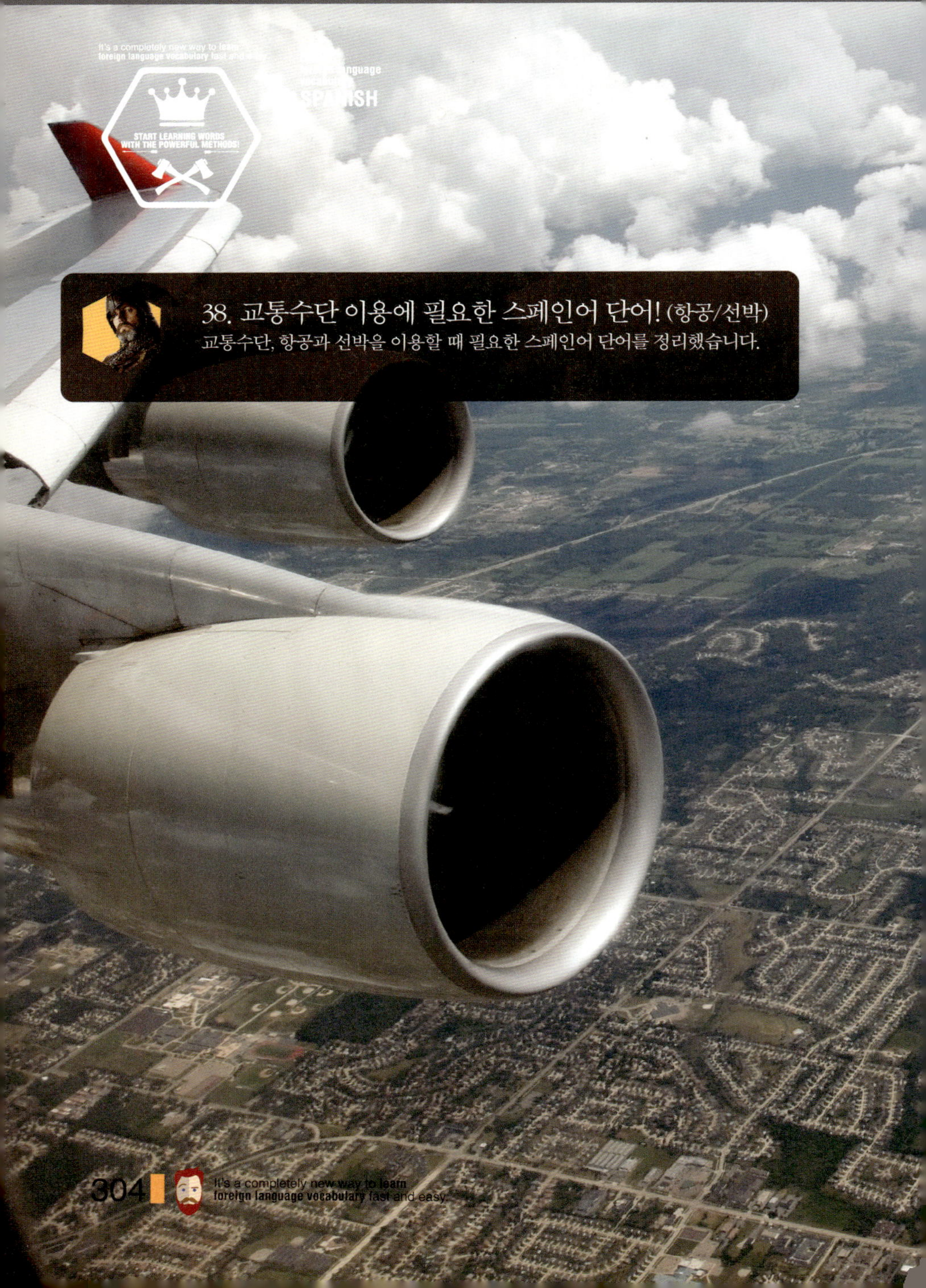

38. 교통수단 이용에 필요한 스페인어 단어! (항공/선박)

교통수단, 항공과 선박을 이용할 때 필요한 스페인어 단어를 정리했습니다.

It's a completely new way to learn foreign language vocabulary fast and easy.

START LEARNING WORDS WITH THE POWERFUL METHODS!

THEME

Part 5

It's a completely new way to learn foreign language vocabulary fast and easy.

테마 생활단어

스페인어 테마 생활단어

P5

꼭 필요한 동사 5개!
스페인어 동사는 인칭에 따라 어미를 변화시켜야 합니다.

p5-38-01
volar
[볼라르] 날아가다 (불규칙동사 **o > ue**)

p5-38-02
despegar
[데스뻬가르] 이륙하다 (**-ar** 규칙동사)

p5-38-03
aterrizar
[아떼리싸르] 착륙하다 (**-ar** 규칙동사)

p5-38-04
subir
[수비르] (비행기/선박에) 오르다 (**-ir** 규칙동사)

p5-38-05
bajar
[바하르] (비행기/선박에서) 내리다 (**-ar** 규칙동사)

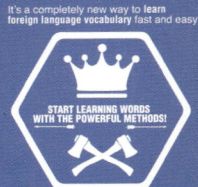

It's a completely new way to **learn foreign language vocabulary** fast and easy.

START LEARNING WORDS WITH THE POWERFUL METHODS!

꼭 필요한 명사 10개!
스페인어 명사는 정관사와 함께 기억해 주십시오.

p5-38-06 **el avión**
[아비온] 비행기

p5-38-07 **el aeropuerto**
[아에로뿌에르또] 공항

p5-38-08 **la azafata**
[아싸파따] 여승무원

p5-38-09 **el azafato**
[아싸파또] 남승무원

p5-38-10 **el equipaje**
[에끼빠헤] 수하물

p5-38-11 **el pasajero**
[빠사헤로] 승객

p5-38-12 **el billete**
[비예떼] 탑승권

p5-38-13 **el carné de identidad**
[까르네 데 이덴띠닷] 신분증

p5-38-14 **el barco**
[바르꼬] 선박/배

p5-38-15 **el puerto**
[뿌에르또] 항만/항구

It's a completely new way to learn foreign language vocabulary fast and easy.

START LEARNING WORDS WITH THE POWERFUL METHODS!

Part 5

It's a completely new way to learn foreign language vocabulary fast and easy.

테마 생활단어

스페인어 테마 생활단어

P5

문장을 완성하는 도우미들!

p5-38-16 **a**
[아] ~에

p5-38-17 **ahora**
[아오라] 지금

p5-38-18 **del**
[델] ~로부터 (de+el 축약형)

p5-38-19 **¿a qué hora?**
[아 께 오라?] 몇 시에?

p5-38-20 **inmediatamente**
[인메디아따멘떼] 즉시/신속히

단어에서 회화 실력으로!

p5-38-21 **Voy a España.**
[보이 아 에스빠냐.] (나는) 스페인으로 갑니다.

p5-38-22 **El avión a Madrid despega ahora.**
[엘 아비온 아 마드릿 데스뻬가 아오라.]
마드리드행 비행편이 지금 이륙합니다.

p5-38-23 **Los pasajeros bajan del barco.**
[로스 빠사헤로스 바한 델 바르꼬.] 승객들이 배에서 내립니다.

p5-38-24 **¿A qué hora llega el avión a Madrid?**
[아 께 오라 예가 엘 아비온 아 마드릿?]
마드리드로 가는 비행기는 몇 시에 도착합니까?

p5-38-25 **Suba inmediatamente.**
[수바 인메디아따멘떼.] 즉시 탑승하십시오.

The vocabularies, the most frequently used words will be with you!

You'll get most frequently used vocabularies.

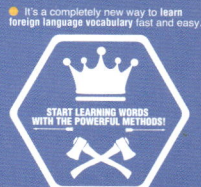

It's a completely new way to **learn foreign language vocabulary** fast and easy.

START LEARNING WORDS WITH THE POWERFUL METHODS!

Learn foreign language vocabulary
SPANISH

39. 교통수단 이용에 필요한 스페인어 단어! (주유/주차)

교통수단으로 자동차를 이용할 때 주유 또는 주차 시 필요한 스페인어 단어를 정리했습니다.

꼭 필요한 동사 5개!

스페인어 동사는 인칭에 따라 어미를 변화시켜야 합니다.

p5-39-01 **llenar**
[예나르] 채우다 (**-ar** 규칙동사)

p5-39-02 **poder**
[뽀데르] 할 수 있다 (불규칙동사 **o > ue**)

p5-39-03 **aparcar**
[아빠르까르] 주차하다 (**-ar** 규칙동사)

p5-39-04 **adelantar**
[아델란따르] 추월하다 (**-ar** 규칙동사)

p5-39-05 **conducir**
[꼰두씨르] 운전하다 (불규칙동사)

It's a completely new way to **learn foreign language vocabulary** fast and easy.

START LEARNING WORDS WITH THE POWERFUL METHODS!

꼭 필요한 명사 10개!

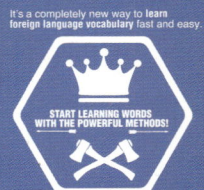

스페인어 명사는 정관사와 함께 기억해 주십시오.

p5-39-06 **el coche** [꼬체] 자동차	p5-39-07 **el vagón** [바곤] 화물차
p5-39-08 **la motocicleta** [모또씨끌레따] 오토바이	p5-39-09 **el carné de conducir** [까르네 데 꼰두씨르] 운전면허증
p5-39-10 **el aparcamiento** [아빠르까미엔또] 주차장	p5-39-11 **el volante** [볼란떼] 핸들
p5-39-12 **la gasolinera** [가솔리네라] 주유소	p5-39-13 **la gasolina** [가솔리나] 휘발유
p5-39-14 **el gasóleo** [가솔레오] 경유	p5-39-15 **la navegación** [나베가씨온] 내비게이션

Part 5

It's a completely new way to learn foreign language vocabulary fast and easy.

테마 생활단어

스페인어 테마 생활단어

P5

문장을 완성하는 도우미들!

p5-39-16 **dónde**
[돈데] 어디

p5-39-17 **por**
[뽀르] ~로/~를 통해

p5-39-18 **por favor**
[뽀르 파보르] 부탁합니다

p5-39-19 **aquí**
[아끼] 여기

p5-39-20 **por la izquierda**
[뽀르 라 이쓰끼에르다] 왼쪽으로

단어에서 회화 실력으로!

p5-39-21 **¿Dónde está la gasolinera?**
[돈데 에스따 라 가솔리네라?] 주유소는 어디 있습니까?

p5-39-22 **Llene de gasolina, por favor.**
[예네 데 가솔리나, 뽀르 파보르.] 휘발유로 채워 주세요.

p5-39-23 **¿Puedo aparcar el coche aquí?**
[뿌에도 아빠르까르 엘 꼬체 아끼?] 여기에 주차를 해도 됩니까?

p5-39-24 **El coche adelanta por la izquierda.**
[엘 꼬체 아델란따 뽀르 라 이쓰끼에르다.] 자동차가 왼쪽으로 추월합니다.

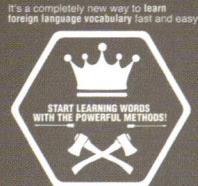

It's a completely new way to **learn foreign language vocabulary** fast and easy.

START LEARNING WORDS WITH THE POWERFUL METHODS!

Learn foreign language vocabulary
SPANISH

40. 식사를 하려고 할 때 필요한 스페인어 단어!

식사를 하려고 할 때 필요한 스페인어 단어를 정리했습니다.

꼭 필요한 동사 5개!

스페인어 동사는 인칭에 따라 어미를 변화시켜야 합니다.

p5-40-01
tener
[떼네르] 가지고 있다 (불규칙동사)

p5-40-02
preparar
[쁘레빠라르] 준비하다 (-ar 규칙동사)

p5-40-03
comer
[꼬메르] 먹다 (-er 규칙동사)

p5-40-04
beber
[베베르] 마시다 (-er 규칙동사)

p5-40-05
tomar
[또마르] 먹다/마시다 (-ar 규칙동사)

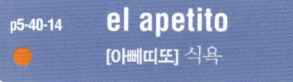

It's a completely new way to learn foreign language vocabulary fast and easy.

START LEARNING WORDS WITH THE POWERFUL METHODS!

꼭 필요한 명사 10개!

스페인어 명사는 정관사와 함께 기억해 주십시오.

p5-40-06 **la comida**
[꼬미다] 음식

p5-40-07 **la bebida**
[베비다] 음료

p5-40-08 **el desayuno**
[데사유노] 아침식사

p5-40-09 **el almuerzo**
[알무에르쏘] 점심식사

p5-40-10 **la cena**
[쎄나] 저녁식사

p5-40-11 **el plato**
[쁠라또] 요리

p5-40-12 **el hambre**
[암브레] 배고픔

p5-40-13 **la sed**
[셋] 갈증

p5-40-14 **el apetito**
[아뻬띠또] 식욕

p5-40-15 **el provecho**
[쁘로베초] 이윤/이득

Part 5

테마 생활단어

스페인어 테마 생활단어

문장을 완성하는 도우미들!

p5-40-16 **a la mesa**
[아 라 메사] 식탁으로

p5-40-17 **buen(o)**
[부엔] 좋은

p5-40-18 **no**
[노] 아니다

p5-40-19 **te**
[떼] 너에게

단어에서 회화 실력으로!

p5-40-20 **¡Vamos a la mesa!**
[바모스 아 라 메사!] 식사하세요! (식탁으로 갑시다!)

p5-40-21 **¡Buen provecho!**
[부엔 쁘로베초!] 맛있게 드세요!

p5-40-22 **Tengo hambre.**
[뗑고 암브레.] (나는) 배고픕니다.

p5-40-23 **Ella no tiene apetito.**
[에야 노 띠에네 아뻬띠또.] 그녀는 식욕이 없습니다.

p5-40-24 **Te voy a hacer el desayuno.**
[떼 보이 아 아쎄르 엘 데사유노.] 내가 너에게 아침식사를 만들어 줄게.

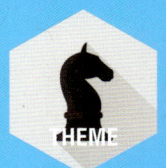

It's a completely new way to learn foreign language vocabulary fast and easy.

START LEARNING WORDS WITH THE POWERFUL METHODS!

Learn foreign language vocabulary
SPANISH

41. 식사할 때 필요한 스페인어 단어! (식당)

식사를 할 때 식당에서 필요한 스페인어 단어를 정리했습니다.

It's a completely new way to learn foreign language vocabulary fast and easy.

START LEARNING WORDS WITH THE POWERFUL METHODS!

THEME

Part 5

It's a completely new way to learn foreign language vocabulary fast and easy.

테마 생활단어

스페인어 테마 생활단어

P5

꼭 필요한 동사 5개!
스페인어 동사는 인칭에 따라 어미를 변화시켜야 합니다.

p5-41-01
llamar
[야마르] 부르다 (**-ar** 규칙동사)

p5-41-02
servir
[세르비르] 서빙하다 (불규칙동사 **e > i**)

p5-41-03
pedir
[뻬디르] 주문하다 (불규칙동사 **e > i**)

p5-41-04
traer
[뜨라에르] 가져오다 (불규칙동사)

p5-41-05
recomendar
[레꼬멘다르] 추천하다 (불규칙동사 **e > ie**)

It's a completely new way to **learn foreign language vocabulary** fast and easy.

START LEARNING WORDS WITH THE POWERFUL METHODS!

꼭 필요한 명사 10개!

스페인어 명사는 정관사와 함께 기억해 주십시오.

p5-41-06 **el restaurante**
[레스따우란떼] 식당

p5-41-07 **el camarero**
[까마레로] 식당직원/웨이터

p5-41-08 **la carta**
[까르따] 메뉴판

p5-41-09 **el aperitivo**
[아뻬리띠보] 전채요리

p5-41-10 **el plato principal**
[쁠라또 쁘린씨빨] 메인요리

p5-41-11 **el postre**
[뽀스뜨레] 디저트

p5-41-12 **la carne**
[까르네] 육류

p5-41-13 **el pescado**
[뻬스까도] 생선

p5-41-14 **la bebida**
[베비다] 음료

p5-41-15 **la cuenta**
[꾸엔따] 계산서

문장을 완성하는 도우미들!

p5-41-16 **por favor**
[뽀르 파보르] 부탁합니다

p5-41-17 **que**
[께] 무엇/어떤

p5-41-18 **nos**
[노스] 우리에게

p5-41-19 **me**
[메] 나에게

단어에서 회화 실력으로!

p5-41-20 **Él llama al camarero.**
[엘 야마 알 까마레로.] 그는 웨이터를 부릅니다.

p5-41-21 **¡La carta, por favor!**
[라 까르따, 뽀르 파보르!] 메뉴판 주세요.

p5-41-22 **¿Qué nos recomienda?**
[께 노스 레꼬미엔다?] 우리에게 무엇을 추천하십니까?

p5-41-23 **Tráigame el postre, por favor.**
[뜨라이가메 엘 뽀스뜨레, 뽀르 파보르.]
나에게 디저트를 가져다 주십시오.

It's a completely new way to **learn foreign language vocabulary** fast and easy.

START LEARNING WORDS WITH THE POWERFUL METHODS!

Learn foreign language vocabulary
SPANISH

42. 식사할 때 필요한 스페인어 단어! (식탁)

식사를 할 때 식탁에서 필요한 스페인어 단어를 정리했습니다.

It's a completely new way to learn foreign language vocabulary fast and easy.

START LEARNING WORDS WITH THE POWERFUL METHODS!

THEME

Part 5

It's a completely new way to learn foreign language vocabulary fast and easy.

테마 생활단어

스페인어 테마 생활단어

P5

꼭 필요한 동사 5개!
스페인어 동사는 인칭에 따라 어미를 변화시켜야 합니다.

p5-42-01 **preparar**
[쁘레빠라르] 준비하다 (-ar 규칙동사)

p5-42-02 **poner**
[뽀네르] 세팅하다/차리다 (불규칙동사)

p5-42-03 **quitar**
[끼따르] 치우다 (-ar 규칙동사)

p5-42-04 **sentarse**
[센따르세] 앉다 (재귀동사 /불규칙동사 e > ie)

p5-42-05 **comer**
[꼬메르] 먹다 (-er 규칙동사)

It's a completely new way to **learn foreign language vocabulary** fast and easy.

START LEARNING WORDS WITH THE POWERFUL METHODS!

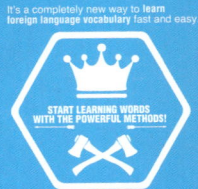

꼭 필요한 명사 10개!
스페인어 명사는 정관사와 함께 기억해 주십시오.

p5-42-06 **la mesa** [메사] 식탁	p5-42-07 **la comida** [꼬미다] 식사
p5-42-08 **el tenedor** [떼네도르] 포크	p5-42-09 **el cuchillo** [꾸치요] 나이프
p5-42-10 **la cuchara** [꾸차라] 스푼	p5-42-11 **los palillos** [빨리요스] 젓가락
p5-42-12 **el plato** [쁠라또] 접시	p5-42-13 **el vaso** [바소] 잔
p5-42-14 **el salero** [살레로] 소금통	p5-42-15 **la servilleta** [세르비예따] 냅킨

It's a completely new way to learn foreign language vocabulary fast and easy.

START LEARNING WORDS WITH THE POWERFUL METHODS!

THEME

Part 5

It's a completely new way to learn foreign language vocabulary fast and easy.

테마 생활단어

스페인어 테마 생활단어

P5

문장을 완성하는 도우미들!

p5-42-16 **y**
[이] 그리고

p5-42-17 **sobre**
[소브레] ~ 위에

p5-42-18 **con**
[꼰] ~와 함께/~으로

p5-42-19 **alrededor de ~**
[알레데도르 데] ~를 둘러

단어에서 회화 실력으로!

p5-42-20 **Él prepara la comida.**
[엘 쁘레빠라 라 꼬미다.] 그는 식사를 준비합니다.

p5-42-21 **Él pone la servilleta, el tenedor y el cuchillo.**
[엘 뽀네 라 세르비예따, 엘 떼네도르 이 엘 꾸치요.]
그는 냅킨, 포크 그리고 나이프를 놓습니다.

p5-42-22 **Ella pone los vasos sobre la mesa.**
[에야 뽀네 로스 바소스 소브레 라 메사.] 그녀는 컵들을 식탁 위에 놓습니다.

p5-42-23 **Ella come con palillos.**
[에야 꼬메 꼰 빨리요스.] 그녀는 젓가락으로 먹습니다.

p5-42-24 **Ellos se sientan alrededor de la mesa.**
[에요스 세 시엔딴 알레데도르 데 라 메사.] 그들은 식탁에 둘러앉습니다.

43. 식사할 때 필요한 스페인어 단어! (요리)

식사를 하려고 할 때 요리와 관련된 스페인어 단어를 정리했습니다.

START LEARNING WORDS WITH THE POWERFUL METHODS!
Learn foreign language vocabulary
SPANISH

꼭 필요한 동사 5개!
스페인어 동사는 인칭에 따라 어미를 변화시켜야 합니다.

p5-43-01 **hacer**
[아쎄르] 하다/만들다 (불규칙동사)

p5-43-02 **saber**
[사베르] 알다/맛보다 (불규칙동사)

p5-43-03 **pelar**
[뻴라르] 벗기다/깎다 (**-ar** 규칙동사)

p5-43-04 **cocinar**
[꼬씨나르] 익히다/요리하다 (**-ar** 규칙동사)

p5-43-05 **calentar**
[깔렌따르] 데우다 (불규칙동사 **e > ie**)

It's a completely new way to **learn foreign language vocabulary** fast and easy.

START LEARNING WORDS WITH THE POWERFUL METHODS!

꼭 필요한 명사 10개!

스페인어 명사는 정관사와 함께 기억해 주십시오.

p5-43-06 **el plato**
[쁠라또] 요리/접시

p5-43-07 **la cocina**
[꼬시나] 주방

p5-43-08 **la cazuela**
[까쑤엘라] 냄비

p5-43-09 **la sartén**
[사르뗀] 프라이팬

p5-43-10 **el horno**
[오르노] 오븐

p5-43-11 **el microondas**
[미끄로온다스] 전자레인지

p5-43-12 **la receta**
[레세따] 조리법

p5-43-13 **la parrilla**
[빠리야] 그릴

p5-43-14 **el hervidor**
[에르비도르] 물 끓이기

p5-43-15 **la tostadora**
[또스따도라] 토스터

문장을 완성하는 도우미들!

p5-43-16 **bien**
[비엔] 잘

p5-43-17 **frío/-a**
[프리오/아] 식은/차가운

p5-43-18 **un/una**
[운/우나] 하나의/어떤

단어에서 회화 실력으로!

p5-43-19 **Ella cocina bien.**
[에야 꼬씨나 비엔.] 그녀는 요리를 잘 합니다.

p5-43-20 **Cocino la carne en sartén.**
[꼬씨노 라 까르네 엔 사르뗀.]
(나는) 고기를 프라이팬에 굽습니다.

p5-43-21 **La comida está fría**
[라 꼬미다 에스따 프리아.] 음식이 식었습니다.

p5-43-22 **Él calienta una comida en el microondas.**
[엘 깔리엔따 우나 꼬미다 엔 엘 미끄로온다스.]
그는 전자레인지에 요리를 데웁니다.

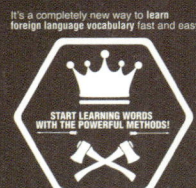

It's a completely new way to **learn foreign language vocabulary** fast and easy.

START LEARNING WORDS WITH THE POWERFUL METHODS!

Learn foreign language vocabulary
SPANISH

44. 식사할 때 필요한 스페인어 단어! (카페)

식사 후 디저트 또는 카페에서 필요한 스페인어 단어를 정리했습니다.

꼭 필요한 동사 5개!
스페인어 동사는 인칭에 따라 어미를 변화시켜야 합니다.

p5-44-01 **querer**
[께레르] 원하다 (불규칙동사 **e > ie**)

p5-44-02 **beber**
[베베르] 마시다 (**-er** 규칙동사)

p5-44-03 **tomar**
[또마르] 마시다/먹다 (**-ar** 규칙동사)

p5-44-04 **charlar**
[차를라르] 담소하다 (**-ar** 규칙동사)

p5-44-05 **invitar**
[인비따르] 초대하다 (**-ar** 규칙동사)

It's a completely new way to **learn foreign language vocabulary** fast and easy.

START LEARNING WORDS WITH THE POWERFUL METHODS!

꼭 필요한 명사 10개!
스페인어 명사는 정관사와 함께 기억해 주십시오.

p5-44-06 **el café**
[까페] 커피

p5-44-07 **el café con leche**
[까페 꼰 레체] 카페라테

p5-44-08 **el té**
[떼] 차

p5-44-09 **el zumo**
[쑤모] 주스

p5-44-10 **el agua**
[아구아] 물

p5-44-11 **la coca-cola**
[꼬까-꼴라] 콜라

p5-44-12 **la leche**
[레체] 우유

p5-44-13 **el azúcar**
[아쑤까르] 설탕

p5-44-14 **la galleta**
[가예따] 쿠키

p5-44-15 **la torta**
[또르따] 파이

Part 5

It's a completely new way to learn foreign language vocabulary fast and easy.

테마 생활단어

스페인어 테마 생활단어

P5

문장을 완성하는 도우미들!

p5-44-16 **qué**
[께] 무엇

p5-44-17 **usted**
[우스뗃] 당신

p5-44-18 **te**
[떼] 너에게

p5-44-19 **un/una**
[운/우나] 어떤/하나의

단어에서 회화 실력으로!

p5-44-20 **¿Qué quiere beber usted?**
[께 끼에레 베베르 우스뗃?] 당신은 무엇을 마시고 싶습니까?

p5-44-21 **Quiero un zumo.**
[끼에로 운 쑤모.] (나는) 주스를 원합니다.

p5-44-22 **Tomo té.**
[또모 떼.] (나는) 차를 마십니다.

p5-44-23 **Te invito a tomar un café.**
[떼 인비또 아 또마르 운 까페.]
너에게 커피 한 잔을 대접할게.

It's a completely new way to **learn foreign language vocabulary** fast and easy.

START LEARNING WORDS WITH THE POWERFUL METHODS!

PLEASE HOLD BOTH HANDLES

Learn foreign language vocabulary
SPANISH

45. 쇼핑을 하려고 할 때 필요한 스페인어 단어! (쇼핑가)

쇼핑을 하려고 할 때 필요한 스페인어 단어를 정리했습니다.

Part 5

테마 생활단어

스페인어 테마 생활단어

꼭 필요한 동사 5개!
스페인어 동사는 인칭에 따라 어미를 변화시켜야 합니다.

p5-45-01 **ir**
[이르] 가다 (불규칙동사)

p5-45-02 **comprar**
[꼼쁘라르] 구입하다 (-**ar** 규칙동사)

p5-45-03 **abrir**
[아브리르] 열다 (-**ir** 규칙동사)

p5-45-04 **cerrar**
[쎄라르] 닫다 (불규칙동사 **e > ie**)

p5-45-05 **recibir**
[레씨비르] 받다 (-**ir** 규칙동사)

It's a completely new way to **learn foreign language vocabulary** fast and easy.

START LEARNING WORDS WITH THE POWERFUL METHODS!

꼭 필요한 명사 10개!

스페인어 명사는 정관사와 함께 기억해 주십시오.

p5-45-06 **las compras**
[꼼쁘라스] 쇼핑

p5-45-07 **el almacén**
[알마쎈] 백화점

p5-45-08 **el centro comercial**
[쎈뜨로 꼬메르씨알] 쇼핑센터

p5-45-09 **el supermercado**
[수뻬르메르까도] 슈퍼마켓

p5-45-10 **el mercado**
[메르까도] 시장

p5-45-11 **la panadería**
[빠나데리아] 빵집

p5-45-12 **la carnicería**
[까르니쎄리아] 정육점

p5-45-13 **la tienda de comestibles**
[띠엔다 데 꼬메스띠블레스] 식료품점

p5-45-14 **la librería**
[리브레리아] 서점

p5-45-15 **la tienda de ropa**
[띠엔다 데 로빠] 옷가게

문장을 완성하는 도우미들!

p5-45-16 **al**
[알] ~에 (**a+el** 축약형)

p5-45-17 **cuándo**
[꾸안도] 언제

p5-45-18 **ya**
[야] 이미

p5-45-19 **abierto/-a**
[아비에르또/따] 열려 있는

단어에서 회화 실력으로!

p5-45-20 **Voy al centro comercial.**
[보이 알 쎈뜨로 꼬메르씨알.] (나는) 쇼핑센터에 갑니다.

p5-45-21 **¿Cuándo se abre la panadería?**
[꾸안도 세 아브레 라 빠나데리아?] 빵집은 언제 엽니까?

p5-45-22 **La panadería ya está abierta.**
[라 빠나데리아 야 에스따 아비에르따.] 빵집은 이미 열었습니다.

p5-45-23 **¿Cuándo se cierra el almacén?**
[꾸안도 세 씨에라 엘 알마쎈?] 백화점은 언제 닫습니까?

It's a completely new way to learn foreign language vocabulary fast and easy.

START LEARNING WORDS WITH THE POWERFUL METHODS!

Learn foreign language vocabulary SPANISH

46. 쇼핑할 때 필요한 스페인어 단어! (백화점)

쇼핑할 때, 특히 백화점에서 필요한 스페인어 단어를 정리했습니다.

Part 5

테마 생활단어

스페인어 테마 생활단어

꼭 필요한 동사 5개!

스페인어 동사는 인칭에 따라 어미를 변화시켜야 합니다.

p5-46-01 **ser**
[세르] ~이다 (불규칙동사)

p5-46-02 **buscar**
[부스까르] 찾다 (-ar 규칙동사)

p5-46-03 **comprar**
[꼼쁘라르] 사다 (-ar 규칙동사)

p5-46-04 **hacer**
[아쎄르] 하다/만들다 (불규칙동사)

p5-46-05 **recibir**
[레씨비르] 받다 (-ir 규칙동사)

It's a completely new way to learn foreign language vocabulary fast and easy.

START LEARNING WORDS WITH THE POWERFUL METHODS!

꼭 필요한 명사 10개!

스페인어 명사는 정관사와 함께 기억해 주십시오.

p5-46-06 **el almacén**
[알마쎈] 백화점

p5-46-07 **el cliente**
[끌리엔떼] 고객

p5-46-08 **la tienda**
[띠엔다] 가게/매장

p5-46-09 **los cosméticos**
[꼬스메띠꼬스] 화장품

p5-46-10 **la ropa**
[로빠] 옷

p5-46-11 **las necesidades domésticas**
[네쎄시다데스 도메스띠까스] 생필품

p5-46-12 **la joya**
[호야] 귀금속

p5-46-13 **el juguete**
[후게떼] 장난감

p5-46-14 **el producto electrónico**
[쁘로둑또 엘렉뜨로니꼬] 전자제품

p5-46-15 **la oferta**
[오페르따] 특별할인

It's a completely new way to learn foreign language vocabulary fast and easy.

START LEARNING WORDS WITH THE POWERFUL METHODS!

THEME

Part 5

It's a completely new way to learn foreign language vocabulary fast and easy.

테마 생활단어

스페인어 테마 생활단어

P5

문장을 완성하는 도우미들!

p5-46-16 **para**
[빠라] ~을/를 위한

p5-46-17 **hoy**
[오이] 오늘

p5-46-18 **cercano/-a**
[쎄르까노/나] 가까운

p5-46-19 **baratamente**
[바라따멘떼] 싸게

단어에서 회화 실력으로!

p5-46-20 **Hago compras.**
[아고 꼼쁘라스.] (나는) 장을 봅니다.

p5-46-21 **¿Dónde está el almacén cercano?**
[돈데 에스따 엘 알마센 쎄르까노?] 가까운 백화점은 어디에 있습니까?

p5-46-22 **Busco juguetes para niños.**
[부스꼬 후게떼스 빠라 니뇨스.]
(나는) 아이들을 위한 장난감을 찾고 있습니다.

p5-46-23 **Ella compra las necesidades domésticas baratamente.**
[에야 꼼쁘라 라스 네쎄시다데스 도메스띠까스 바라따멘떼.]
그녀는 생필품들을 싸게 구입합니다.

The vocabularies, the most frequently used words will be with you!

You'll get most frequently used vocabularies.

47. 쇼핑할 때 필요한 스페인어 단어! (옷가게)

쇼핑할 때, 특히 옷가게에서 필요한 스페인어 단어를 정리했습니다.

It's a completely new way to learn foreign language vocabulary fast and easy.

START LEARNING WORDS WITH THE POWERFUL METHODS!

THEME

Part 5

It's a completely new way to learn foreign language vocabulary fast and easy.

테마 생활단어

스페인어 테마 생활단어

P5

꼭 필요한 동사 5개!

스페인어 동사는 인칭에 따라 어미를 변화시켜야 합니다.

p5-47-01 **buscar**
[부스까르] 찾다 (-ar 규칙동사)

p5-47-02 **poder**
[뽀데르] 할 수 있다 (불규칙동사 o > ue)

p5-47-03 **probarse**
[쁘로바르세] 시도하다 (재귀동사/불규칙동사 o > ue)

p5-47-04 **gustar**
[구스따르] 좋아하다 (-ar 규칙동사)

p5-47-05 **cambiar**
[깜비아르] 교환하다/바꾸다 (-ar 규칙동사)

It's a completely new way to **learn foreign language vocabulary** fast and easy.

START LEARNING WORDS WITH THE POWERFUL METHODS!

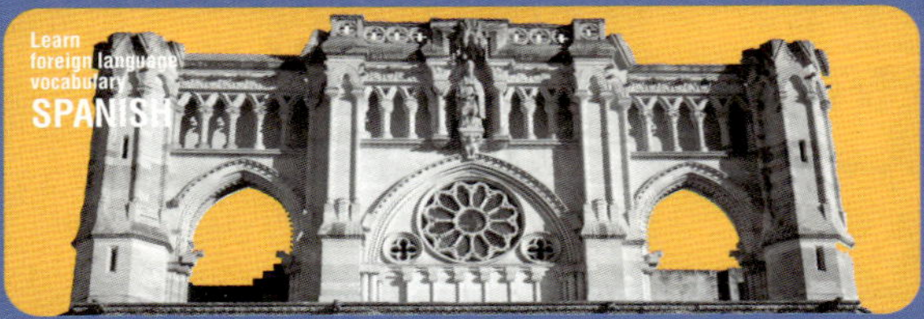

꼭 필요한 명사 10개!
스페인어 명사는 정관사와 함께 기억해 주십시오.

p5-47-06 **la ropa para hombres**
[로빠 빠라 옴브레스] 남성복

p5-47-07 **la ropa para mujeres**
[로빠 빠라 무헤레스] 여성복

p5-47-08 **el probador**
[쁘로바도르] 피팅룸

p5-47-09 **el traje**
[뜨라헤] 수트

p5-47-10 **la falda**
[팔다] 치마

p5-47-11 **los pantalones**
[빤딸로네스] 바지

p5-47-12 **la camisa**
[까미사] 와이셔츠

p5-47-13 **la blusa**
[블루사] 블라우스

p5-47-14 **la ropa interior**
[로빠 인떼리오르] 속옷

p5-47-15 **los zapatos**
[싸빠또스] 구두/신발

It's a completely new way to learn foreign language vocabulary fast and easy.

START LEARNING WORDS WITH THE POWERFUL METHODS!

THEME

Part 5

It's a completely new way to learn foreign language vocabulary fast and easy.

테마 생활단어

스페인어 테마 생활단어

P5

문장을 완성하는 도우미들!

p5-47-16 **un/una**
[운/우나] 어떤/하나의

p5-47-17 **este/esta**
[에스떼/에스따] 이 (남/녀 지시형용사)

p5-47-18 **me**
[메] 나에게

p5-47-19 **no**
[노] 아니다

p5-47-20 **podría**
[뽀드리아] 할 수 있습니까?

단어에서 회화 실력으로!

p5-47-21 **Busco una camisa.**
[부스꼬 우나 까미사.] (나는) 와이셔츠를 찾고 있습니다.

p5-47-22 **¿Puedo probarme este traje?**
[뿌에도 쁘로바르메 에스떼 뜨라헤?] 이 양복을 입어봐도 되겠습니까?

p5-47-23 **Me gusta esta blusa.**
[메 구스따 에스따 블루사.] 나는 이 블라우스가 마음에 듭니다.

p5-47-24 **No me gustan los pantalones.**
[노 메 구스딴 로스 빤딸로네스.] 나는 바지를 좋아하지 않습니다.

p5-47-25 **¿Podría cambiar esta falda?**
[뽀드리아 깜비아르 에스따 팔다?] 이 치마를 교환할 수 있을까요?

The vocabularies, the most frequently used words will be with you!

You'll get most frequently used vocabularies.

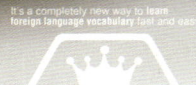

It's a completely new way to learn foreign language vocabulary fast and easy

Learn foreign language vocabulary SPANISH

48. 쇼핑할 때 필요한 스페인어 단어! (가전매장)

쇼핑할 때, 특히 가전매장에서 필요한 스페인어 단어를 정리했습니다.

꼭 필요한 동사 5개!

스페인어 동사는 인칭에 따라 어미를 변화시켜야 합니다.

p5-48-01 **desear**
[데세아르] 원하다/갈망하다 (**-ar** 규칙동사)

p5-48-02 **buscar**
[부스까르] 찾다 (**-ar** 규칙동사)

p5-48-03 **costar**
[꼬스따르] 값이 ~이다 (불규칙동사 **o > ue**)

p5-48-04 **ser**
[세르] ~이다 (불규칙동사)

p5-48-05 **tener**
[떼네르] 가지다 (불규칙동사)

It's a completely new way to learn
foreign language vocabulary fast and easy.

START LEARNING WORDS
WITH THE POWERFUL METHODS!

꼭 필요한 명사 10개!
스페인어 명사는 정관사와 함께 기억해 주십시오.

p5-48-06	**el electrodoméstico**	[엘렉뜨로도메스띠꼬] 가전제품
p5-48-07	**la televisión**	[뗄레비씨온] 텔레비전
p5-48-08	**el refrigerador**	[레프리헤라도르] 냉장고
p5-48-09	**el microondas**	[미끄로온다스] 전자레인지
p5-48-10	**la aspiradora**	[아스삐라도라] 진공청소기
p5-48-11	**el ordenador**	[오르데나도르] 컴퓨터
p5-48-12	**la lavadora**	[라바도라] 세탁기
p5-48-13	**el lavavajillas**	[라바바히야스] 식기세척기
p5-48-14	**el aire acondicionado**	[아이레 아꼰디씨오나도] 에어컨
p5-48-15	**el descuento**	[데스꾸엔또] 할인

문장을 완성하는 도우미들!

p5-48-16 **qué**
[께] 무엇

p5-48-17 **un/una**
[운/우나] 어떤/하나의

p5-48-18 **cuánto**
[꾸안또] 얼마나

p5-48-19 **caro/-a**
[까로/라] 비싼

단어에서 회화 실력으로!

p5-48-20 **¿Qué quiere Ud.?**
[께 끼에레 우스뗏?] 당신은 무엇을 원하세요? (점원이 손님에게)

p5-48-21 **Busco un refrigerador.**
[부스꼬 운 레프리헤라도르.] (나는) 냉장고를 찾고 있습니다.

p5-48-22 **¿Cuánto es la televisión?**
[꾸안또 에스 라 뗄레비시온?] TV는 얼마입니까?

p5-48-23 **Es cara.**
[에스 까라.] 비쌉니다.

49. 쇼핑할 때 필요한 스페인어 단어! (슈퍼마켓)

쇼핑할 때, 특히 슈퍼마켓에서 필요한 스페인어 단어를 정리했습니다.

It's a completely new way to learn foreign language vocabulary fast and easy.

START LEARNING WORDS WITH THE POWERFUL METHODS!

THEME

Part 5

It's a completely new way to learn foreign language vocabulary fast and easy.

테마 생활단어

스페인어 테마 생활단어

P5

꼭 필요한 동사 5개!

스페인어 동사는 인칭에 따라 어미를 변화시켜야 합니다.

p5-49-01 **comprar**
[꼼쁘라르] 구입하다 (**-ar** 규칙동사)

p5-49-02 **tomar**
[또마르] 잡다/쥐다 (**-ar** 규칙동사)

p5-49-03 **tener**
[떼네르] 가지다 (불규칙동사)

p5-49-04 **costar**
[꼬스따르] 값이 ~이다 (불규칙동사 **o > ue**)

p5-49-05 **hacer**
[아쎄르] 하다/만들다 (불규칙동사)

The vocabularies, the most frequently used words will be with you!

You'll get most frequently used vocabularies.

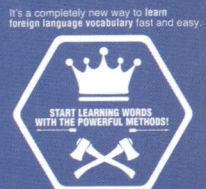

It's a completely new way to **learn foreign language vocabulary** fast and easy.

START LEARNING WORDS WITH THE POWERFUL METHODS!

꼭 필요한 명사 10개!
스페인어 명사는 정관사와 함께 기억해 주십시오.

p5-49-06 **el supermercado** [수뻬르메르까도] 슈퍼마켓	p5-49-07 **el carrito** [까리또] 쇼핑카트
p5-49-08 **los comestibles** [꼬메스띠블레스] 식료품	p5-49-09 **la bebida** [베비다] 음료
p5-49-10 **la fruta** [프루따] 과일	p5-49-11 **las verduras** [베르두라스] 채소
p5-49-12 **la carne** [까르네] 고기	p5-49-13 **el pescado** [뻬스까도] 생선
p5-49-14 **la oferta** [오페르따] 할인제품	p5-49-15 **la caja** [까하] 계산대

문장을 완성하는 도우미들!

p5-49-16 **un poco**
[운 뽀꼬] 약간의

p5-49-17 **cuánto**
[꾸안또] 얼마나

p5-49-18 **tu**
[뚜] 너의

p5-49-19 **todo**
[또도] 모두/전부

p5-49-20 **por**
[뽀르] ~로 해서/당

단어에서 회화 실력으로!

p5-49-21 **Compro comestibles.**
[꼼쁘로 꼬메스띠블레스.] (나는) 식료품을 구매합니다.

p5-49-22 **Compro carne.**
[꼼쁘로 까르네.] (나는) 고기를 삽니다.

p5-49-23 **¿Qué compra tu madre en el supermercado?**
[께 꼼쁘라 뚜 마드레 엔 엘 수뻬르메르까도?]
너희 어머니는 슈퍼에서 무엇을 사시니?

p5-49-24 **¿Cuánto cuesta por kilo?**
[꾸안또 꾸에스따 뽀르 낄로?] 킬로에 얼마입니까?

p5-49-25 **¿Cuánto es todo?**
[꾸안또 에스 또도?] 전부 얼마입니까?

It's a completely new way to learn foreign language vocabulary fast and easy.

Learn foreign language vocabulary SPANISH

50. 쇼핑할 때 필요한 스페인어 단어! (시장/야채가게)

쇼핑할 때, 특히 시장이나 야채가게에서 필요한 스페인어 단어를 정리했습니다.

꼭 필요한 동사 5개!

스페인어 동사는 인칭에 따라 어미를 변화시켜야 합니다.

p5-50-01

tener

[떼네르] 가지다 (불규칙동사)

p5-50-02

vender

[벤데르] 판매하다 (**-er** 규칙동사)

p5-50-03

comprar

[꼼쁘라르] 구입하다 (**-ar** 규칙동사)

p5-50-04

tomar

[또마르] 구입하다/취하다 (**-ar** 규칙동사)

p5-50-05

preparar

[쁘레빠라르] 준비하다 (**-ar** 규칙동사)

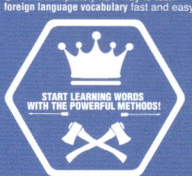

It's a completely new way to **learn foreign language vocabulary** fast and easy.

START LEARNING WORDS WITH THE POWERFUL METHODS!

꼭 필요한 명사 10개!

스페인어 명사는 정관사와 함께 기억해 주십시오.

p5-50-06 **la col**
[꼴] 양배추

p5-50-07 **la seta**
[세따] 버섯

p5-50-08 **la patata**
[빠따따] 감자

p5-50-09 **la zanahoria**
[싸나오리아] 당근

p5-50-10 **la cebolla**
[쎄보야] 양파

p5-50-11 **el guisante**
[기산떼] 완두콩

p5-50-12 **la manzana**
[만싸나] 사과

p5-50-13 **el tomate**
[또마떼] 토마토

p5-50-14 **la uva**
[우바] 포도

p5-50-15 **la sandía**
[산디아] 수박

문장을 완성하는 도우미들!

p5-50-16 **qué**
[께] 무엇

p5-50-17 **más**
[마스] 더 이상

p5-50-18 **hay ~**
[아이] ~이 있다

p5-50-19 **un(o)**
[운] 1 (숫자 1의 변형)

단어에서 회화 실력으로!

p5-50-20 **¿Qué compramos?**
[께 꼼쁘라모스?] (우리) 무엇을 살까요?

p5-50-21 **No hay más cebolla.**
[노 아이 마스 쎄보야.] 양파가 더 이상 없습니다.

p5-50-22 **Él vende patatas.**
[엘 벤데 빠따따스.] 그는 감자를 팝니다.

p5-50-23 **Compro un kilo de tomates.**
[꼼쁘로 운 낄로 데 또마떼스.]
(나는) 토마토 1kg을 구입합니다.

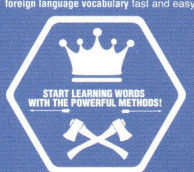

It's a completely new way to **learn foreign language vocabulary** fast and easy.

START LEARNING WORDS WITH THE POWERFUL METHODS!

Learn foreign language vocabulary
SPANISH

51. 공공기관에서 필요한 스페인어 단어! (구청)

공공기관, 특히 구청에서 필요한 스페인어 단어를 정리했습니다.

It's a completely new way to learn foreign language vocabulary fast and easy.

START LEARNING WORDS WITH THE POWERFUL METHODS!

THEME

Part 5

It's a completely new way to learn foreign language vocabulary fast and easy.

테마 생활단어

스페인어 테마 생활단어

P5

꼭 필요한 동사 5개!

스페인어 동사는 인칭에 따라 어미를 변화시켜야 합니다.

p5-51-01 **declarar**
[데끌라라르] 신고하다 (-ar 규칙동사)

p5-51-02 **solicitar**
[솔리씨따르] 신청하다 (-ar 규칙동사)

p5-51-03 **obtener**
[옵떼네르] 획득하다/얻다 (불규칙동사)

p5-51-04 **llenar**
[예나르] 기입하다 (-ar 규칙동사)

p5-51-05 **firmar**
[피르마르] 서명하다 (-ar 규칙동사)

It's a completely new way to learn foreign language vocabulary fast and easy.

START LEARNING WORDS WITH THE POWERFUL METHODS!

꼭 필요한 명사 10개!
스페인어 명사는 정관사와 함께 기억해 주십시오.

p5-51-06 **la administración**
[아드미니스뜨라씨온] 행정기관

p5-51-07 **el barrio**
[바리오] (도시의) 구

p5-51-08 **la oficina de barrio**
[오피씨나 데 바리오] 구청

p5-51-09 **el ayuntamiento**
[아윤따미엔또] 시청

p5-51-10 **el funcionario**
[푼씨오나리오] 남자 공무원

p5-51-11 **el formulario**
[포르물라리오] 서식

p5-51-12 **el cambio de dirección**
[깜비오 데 디렉씨온] 주소변경

p5-51-13 **el estado civil**
[에스따도 씨빌] 호적/호적상태

p5-51-14 **el nacimiento**
[나씨미엔또] 출생

p5-51-15 **la firma**
[피르마] 서명

It's a completely new way to learn foreign language vocabulary fast and easy.

START LEARNING WORDS WITH THE POWERFUL METHODS!

THEME

Part 5

It's a completely new way to learn foreign language vocabulary fast and easy.

테마 생활단어

스페인어 테마 생활단어

P5

문장을 완성하는 도우미들!

p5-51-16 **dónde**
[돈데] 어디

p5-51-17 **de**
[데] ~의/~로 부터

p5-51-18 **un/una**
[운/우나] 어떤/하나의

p5-51-19 **aquí**
[아끼] 여기에

p5-51-20 **por favor**
[뽀르 파보르] 부탁합니다

단어에서 회화 실력으로!

p5-51-21 **¿Dónde está el ayuntamiento?**
[돈데 에스따 엘 아윤따미엔또?] 시청이 어디에 있습니까?

p5-51-22 **Declaramos el nacimiento en el ayuntamiento.**
[데끌라라모스 운 나씨미엔또 엔 엘 아윤따미엔또.] 시청에서 출생을 신고합니다.

p5-51-23 **¿Puedo tener un formulario de cambio de dirección?**
[뿌에도 떼네르 운 포르물라리오 데 깜비오 데 디렉씨온?]
주소변경신청 용지를 얻을 수 있습니까?

p5-51-24 **Él llena el formulario.**
[엘 예나 엘 포르물라리오.] 그는 서식용지를 기입합니다.

p5-51-25 **Firme aquí, por favor.**
[피르메 아끼, 뽀르 파보르.] 여기에 서명해주십시오.

Learn foreign language vocabulary
SPANISH

52. 공공기관에서 필요한 스페인어 단어! (우체국)

공공기관, 특히 우체국에서 필요한 스페인어 단어를 정리했습니다.

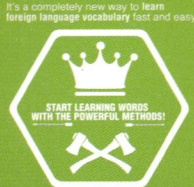

꼭 필요한 동사 5개!

스페인어 동사는 인칭에 따라 어미를 변화시켜야 합니다.

p5-52-01	**enviar**	[엔비아르] 보내다	(**-ar** 규칙동사)
p5-52-02	**recibir**	[레씨비르] 받다	(**-ir** 규칙동사)
p5-52-03	**llegar**	[예가르] 도착하다	(**-ar** 규칙동사)
p5-52-04	**envolver**	[엔볼베르] 싸다/포장하다	(불규칙동사 **o > ue**)
p5-52-05	**pagar**	[빠가르] 지불하다	(**-ar** 규칙동사)

It's a completely new way to **learn foreign language vocabulary** fast and easy.

START LEARNING WORDS WITH THE POWERFUL METHODS!

꼭 필요한 명사 10개!

스페인어 명사는 정관사와 함께 기억해 주십시오.

p5-52-06 **el correo** [꼬레오] 우편	p5-52-07 **el paquete postal** [빠께떼 뽀스딸] 우편물
p5-52-08 **el paquete** [빠께떼] 소포/꾸러미	p5-52-09 **el sello** [세요] 우표
p5-52-10 **la ventanilla** [벤따니야] 창구	p5-52-11 **la dirección** [디렉씨온] 주소
p5-52-12 **el remitente** [레미뗀떼] 발신자	p5-52-13 **el destinatario** [데스띠나따리오] 수신자
p5-52-14 **la carta** [까르따] 편지	p5-52-15 **la oficina de correos** [오피씨나 데 꼬레오스] 우체국

It's a completely new way to learn foreign language vocabulary fast and easy.

START LEARNING WORDS WITH THE POWERFUL METHODS!

THEME

Part 5

It's a completely new way to learn foreign language vocabulary fast and easy.

테마 생활단어

스페인어 테마 생활단어

P5

문장을 완성하는 도우미들!

p5-52-16 **un/una**
[운/우나] 어떤/하나의

p5-52-17 **por expreso**
[뽀르 엑스쁘레소] 속달로

p5-52-18 **por avión**
[뽀르 아비온] 항공편으로

p5-52-19 **cuándo**
[꾸안도] 언제

p5-52-20 **desde**
[데스데] ~로 부터

단어에서 회화 실력으로!

p5-52-21 **Ella va a la oficina de correos.**
[에야 바 아 라 오피씨나 데 꼬레오스] 그녀는 우체국에 갑니다.

p5-52-22 **Ella envía una carta por expreso.**
[에야 엔비아 우나 까르따 뽀르 엑스쁘레소] 그녀는 속달로 편지를 보냅니다.

p5-52-23 **Él recibe una carta desde España.**
[엘 레씨베 우나 까르따 데스데 에스빠냐.]
그는 스페인으로부터 편지를 받습니다.

p5-52-24 **Envío un paquete a Corea por avión.**
[엔비오 운 빠께떼 아 꼬레아 뽀르 아비온.]
(나는) 항공편으로 한국에 소포를 보냅니다.

p5-52-25 **¿Cuándo llega el paquete?**
[꾸안도 예게 엘 빠께떼?] 소포는 언제 도착할까요?

The vocabularies, the most frequently used words will be with you!

You'll get most frequently used vocabularies.

53. 공공기관에서 필요한 스페인어 단어! (경찰서)

공공기관, 특히 경찰서에서 필요한 스페인어 단어를 정리했습니다.

꼭 필요한 동사 5개!

스페인어 동사는 인칭에 따라 어미를 변화시켜야 합니다.

p5-53-01 **declarar**
[데끌라라르] 신고하다 (-ar 규칙동사)

p5-53-02 **informar**
[인포르마르] 알리다 (-ar 규칙동사)

p5-53-03 **robar**
[로바르] 훔치다 (-ar 규칙동사)

p5-53-04 **matar**
[마따르] 죽이다 (-ar 규칙동사)

p5-53-05 **detener**
[데떼네르] 체포하다 (불규칙동사)

It's a completely new way to **learn foreign language vocabulary** fast and easy.

START LEARNING WORDS WITH THE POWERFUL METHODS!

꼭 필요한 명사 10개!

스페인어 명사는 정관사와 함께 기억해 주십시오.

p5-53-06 **la policía**
[뽈리씨아] 경찰관

p5-53-07 **el detective**
[데떽띠베] 탐정/형사

p5-53-08 **la comisaría**
[꼬미사리아] 경찰서

p5-53-09 **la norma de circulación**
[노르마 데 씨르꿀라씨온] 교통정리

p5-53-10 **el robo**
[로보] 도난

p5-53-11 **el coche de policía**
[꼬체 데 뽈리씨아] 경찰차

p5-53-12 **el ladrón**
[라드론] 도둑

p5-53-13 **el asesino**
[아세시노] 살인범

p5-53-14 **la cartera**
[까르떼라] 지갑

p5-53-15 **el accidente**
[악씨덴떼] 사고

문장을 완성하는 도우미들!

p5-53-16 **a**
[아] ~에/~로

p5-53-17 **hay ~**
[아이 ~] ~가 있다

p5-53-18 **cerca de aquí**
[세르까 데 아끼] 근처에/가까이

p5-53-19 **un/una**
[운/우나] 하나의

단어에서 회화 실력으로!

p5-53-20 **Él declara un robo a la policía.**
[엘 데끌라라 운 로보 아 라 뽈리씨아] 그는 경찰에 도난을 신고합니다.

p5-53-21 **¿Hay una comisaría cerca de aquí?**
[아이 우나 꼬미사리아 쎄르까 데 아끼?]
근처에 경찰서가 있습니까?

p5-53-22 **La policía detiene al asesino.**
[라 뽈리씨아 데띠에네 알 아세시노] 경찰이 살인범을 체포합니다.

p5-53-23 **Hay un accidente.**
[아이 운 악씨덴떼] 사고가 났습니다.

Learn foreign language vocabulary SPANISH

54. 편의시설에서 필요한 스페인어 단어! (은행)

편의시설, 특히 은행에서 필요한 스페인어 단어를 정리했습니다.

It's a completely new way to learn foreign language vocabulary fast and easy.

START LEARNING WORDS WITH THE POWERFUL METHODS!

THEME

Part 5

It's a completely new way to learn foreign language vocabulary fast and easy.

테마 생활단어
스페인어 테마 생활단어

P5

꼭 필요한 동사 5개!
스페인어 동사는 인칭에 따라 어미를 변화시켜야 합니다.

p5-54-01 **ingresar**
[인그레사르] 입금하다 (-ar 규칙동사)

p5-54-02 **retirar**
[레띠라르] 출금하다 (-ar 규칙동사)

p5-54-03 **pagar**
[빠가르] 지불하다 (-ar 규칙동사)

p5-54-04 **abrir**
[아브리르] 개설하다 (-ir 규칙동사)

p5-54-05 **ahorrar**
[아오라르] 저축(절약)하다 (-ar 규칙동사)

It's a completely new way to **learn foreign language vocabulary** fast and easy.

START LEARNING WORDS WITH THE POWERFUL METHODS!

꼭 필요한 명사 10개!
스페인어 명사는 정관사와 함께 기억해 주십시오.

p5-54-06	**el banco**	[방꼬] 은행
p5-54-07	**el dinero**	[디네로] 돈
p5-54-08	**el efectivo**	[에펙띠보] 현금
p5-54-09	**el cajero automático**	[까헤로 아우또마띠꼬] 자동인출기
p5-54-10	**la moneda**	[모네다] 동전
p5-54-11	**el billete**	[비예떼] 지폐
p5-54-12	**la cuenta**	[꾸엔따] 계좌
p5-54-13	**el número de cuenta**	[누메로 데 꾸엔따] 계좌번호
p5-54-14	**el saldo**	[살도] 계좌잔액
p5-54-15	**la tarjeta de crédito**	[따르헤따 데 끄레디또] 신용카드

문장을 완성하는 도우미들!

p5-54-16 **en efectivo**
[에펙띠보] 현금으로

p5-54-17 **un/una**
[운/우나] 어떤/하나의

p5-54-18 **nuevo/-a**
[누에보/바] 새로운

p5-54-19 **su**
[수] 그의/그녀의/당신의

p5-54-20 **del**
[델] ~로부터 (de+el 축약형)

단어에서 회화 실력으로!

p5-54-21 **Pago en efectivo.**
[빠고 엔 에펙띠보] 나는 현금으로 지불합니다.

p5-54-22 **Él abre una cuenta nueva.**
[엘 아브레 우나 꾸엔따 누에바] 그는 새 계좌를 개설합니다.

p5-54-23 **Él ingresa dinero en su cuenta.**
[엘 인그레사 디네로 엔 수 꾸엔따] 그는 돈을 계좌에 입금합니다.

p5-54-24 **Ella retira dinero del cajero automático.**
[에야 레띠라 디네로 델 까헤로 아우또마띠꼬]
그녀는 자동인출기에서 돈을 인출합니다.

p5-54-25 **Ella ahorra dinero en el banco.**
[에야 아오라 디네로 엔 엘 방꼬] 그녀는 은행에 돈을 저금합니다.

It's a completely new way to **learn**
foreign language vocabulary fast and easy.

START LEARNING WORDS WITH THE POWERFUL METHODS!

Learn
foreign language
vocabulary
SPANISH

55. 편의시설에서 필요한 스페인어 단어! (병원)

편의시설, 특히 병원에서 필요한 스페인어 단어를 정리했습니다.

It's a completely new way to **learn**
foreign language vocabulary fast and easy.

Part 5

테마 생활단어

스페인어 테마 생활단어

꼭 필요한 동사 5개!

스페인어 동사는 인칭에 따라 어미를 변화시켜야 합니다.

p5-55-01 **tener**
[떼네르] 가지고 있다 (불규칙동사)

p5-55-02 **examinar**
[엑싸미나르] 검진하다 (-ar 규칙동사)

p5-55-03 **cuidar**
[꾸이다르] 돌보다 (-ar 규칙동사)

p5-55-04 **doler**
[돌레르] 아프다 (불규칙동사 o > ue)

p5-55-05 **recibir**
[레씨비르] 받다 (-ir 규칙동사)

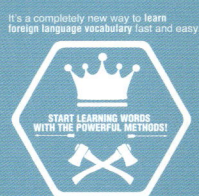

꼭 필요한 명사 10개!

스페인어 명사는 정관사와 함께 기억해 주십시오.

p5-55-06 **el hospital**
[오스삐딸] 병원

p5-55-07 **el médico**
[메디꼬] 남자 의사

p5-55-08 **la enfermera**
[엔페르메라] 여자 간호사

p5-55-09 **el/la paciente**
[빠씨엔떼] 남/녀 환자

p5-55-10 **el dolor**
[돌로르] 통증

p5-55-11 **la enfermedad**
[엔페르메닷] 질병

p5-55-12 **la herida**
[에리다] 상처

p5-55-13 **el síntoma**
[신또마] 증상

p5-55-14 **el seguro médico**
[세구로 메디꼬] 의료보험

p5-55-15 **la receta**
[레쎄따] 처방전

It's a completely new way to learn foreign language vocabulary fast and easy.

START LEARNING WORDS WITH THE POWERFUL METHODS!

THEME

Part 5

It's a completely new way to learn foreign language vocabulary fast and easy.

테마 생활단어

스페인어 테마 생활단어

P5

문장을 완성하는 도우미들!

p5-55-16 **qué** [께] 무엇

p5-55-17 **le** [레] 그/그녀/당신에게

p5-55-18 **aquí** [아끼] 여기

p5-55-19 **me** [메] 나를

p5-55-20 **a** [아] ~에게/~을

단어에서 회화 실력으로!

p5-55-21 **¿Qué le duele?**
[께 레 두엘레?] 어디가 아프세요?

p5-55-22 **Me duele aquí.**
[메 두엘레 아끼.] 여기가 아픕니다.

p5-55-23 **Ella cuida a los pacientes.**
[에야 꾸이다 아 로스 빠씨엔떼스.] 그녀는 환자들을 돌봅니다.

p5-55-24 **El médico me examina.**
[엘 메디꼬 메 엑싸미나.] 의사는 나를 진찰합니다.

p5-55-25 **¿Puedo recibir la receta?**
[뿌에도 레씨비르 라 레쎄따?] 처방전을 받을 수 있습니까?

The vocabularies, the most frequently used words will be with you!

You'll get most frequently used vocabularies.

Learn
foreign language
vocabulary
SPANISH

56. 편의시설에서 필요한 스페인어 단어! (응급실)

편의시설, 특히 응급실에서 필요한 스페인어 단어를 정리했습니다.

It's a completely new way to learn foreign language vocabulary fast and easy.

START LEARNING WORDS WITH THE POWERFUL METHODS!

THEME

Part 5

It's a completely new way to learn foreign language vocabulary fast and easy.

테마 생활단어

스페인어 테마 생활단어

P5

꼭 필요한 동사 5개!

스페인어 동사는 인칭에 따라 어미를 변화시켜야 합니다.

p5-56-01 **ingresar**
[인그레사르] 입원하다 (-ar 규칙동사)

p5-56-02 **herirse**
[에리르세] 부상당하다 (재귀동사/불규칙동사 e > ie)

p5-56-03 **llamar**
[야마르] 부르다 (-ar 규칙동사)

p5-56-04 **consultar**
[꼰술따르] 진찰을 받다 (-ar 규칙동사)

p5-56-05 **mejorarse**
[메호라르세] 쾌차하다 (재귀동사/-ar 규칙동사)

It's a completely new way to **learn foreign language vocabulary** fast and easy.

START LEARNING WORDS WITH THE POWERFUL METHODS!

꼭 필요한 명사 10개!
스페인어 명사는 정관사와 함께 기억해 주십시오.

p5-56-06 **el/la paciente**
[빠씨엔떼] 남/녀 환자

p5-56-07 **los heridos**
[에리도스] 부상자

p5-56-08 **el accidente**
[악씨덴떼] 사고

p5-56-09 **la ambulancia**
[암불란씨아] 구급차

p5-56-10 **el síntoma**
[씬또마] 증상

p5-56-11 **la intoxicación**
[인똑씨까씨온] 중독/식중독

p5-56-12 **el grupo sanguíneo**
[그루뽀 상기네오] 혈액형

p5-56-13 **la operación**
[오뻬라씨온] 수술

p5-56-14 **la recuperación**
[레꾸뻬라씨온] 회복

p5-56-15 **el rayo-x**
[라요-엑끼스] X선

문장을 완성하는 도우미들!

p5-56-16 **qué**
[께] 어떤/무슨

p5-56-17 **su**
[수] 그/그녀/당신의

p5-56-18 **rápidamente**
[라삐다멘떼] 빠르게

p5-56-19 **cuál**
[꾸알] 어떤 것

단어에서 회화 실력으로!

p5-56-20 **¿Qué síntoma tiene?**
[께 신또마 띠에네?] (당신의) 증상이 어떻습니까?

p5-56-21 **¡Llame a la ambulancia rápidamente, por favor!**
[야메 아 라 암불란씨아 라삐다멘떼, 뽀르 파보르!] 빨리 구급차를 불러주세요!

p5-56-22 **Ella ingresa en el hospital.**
[에야 인그레사 엔 엘 오스삐딸.] 그녀는 병원에 입원합니다.

p5-56-23 **¿Cuál es su grupo sanguíneo?**
[꾸알 에스 수 그루뽀 상기네오?] 당신의 혈액형은 무엇입니까?

p5-56-24 **¡Mejórese!**
[메호레세!] 쾌차하세요.

57. 편의시설에서 필요한 스페인어 단어! (약국)

편의시설, 특히 약국에서 필요한 스페인어 단어를 정리했습니다.

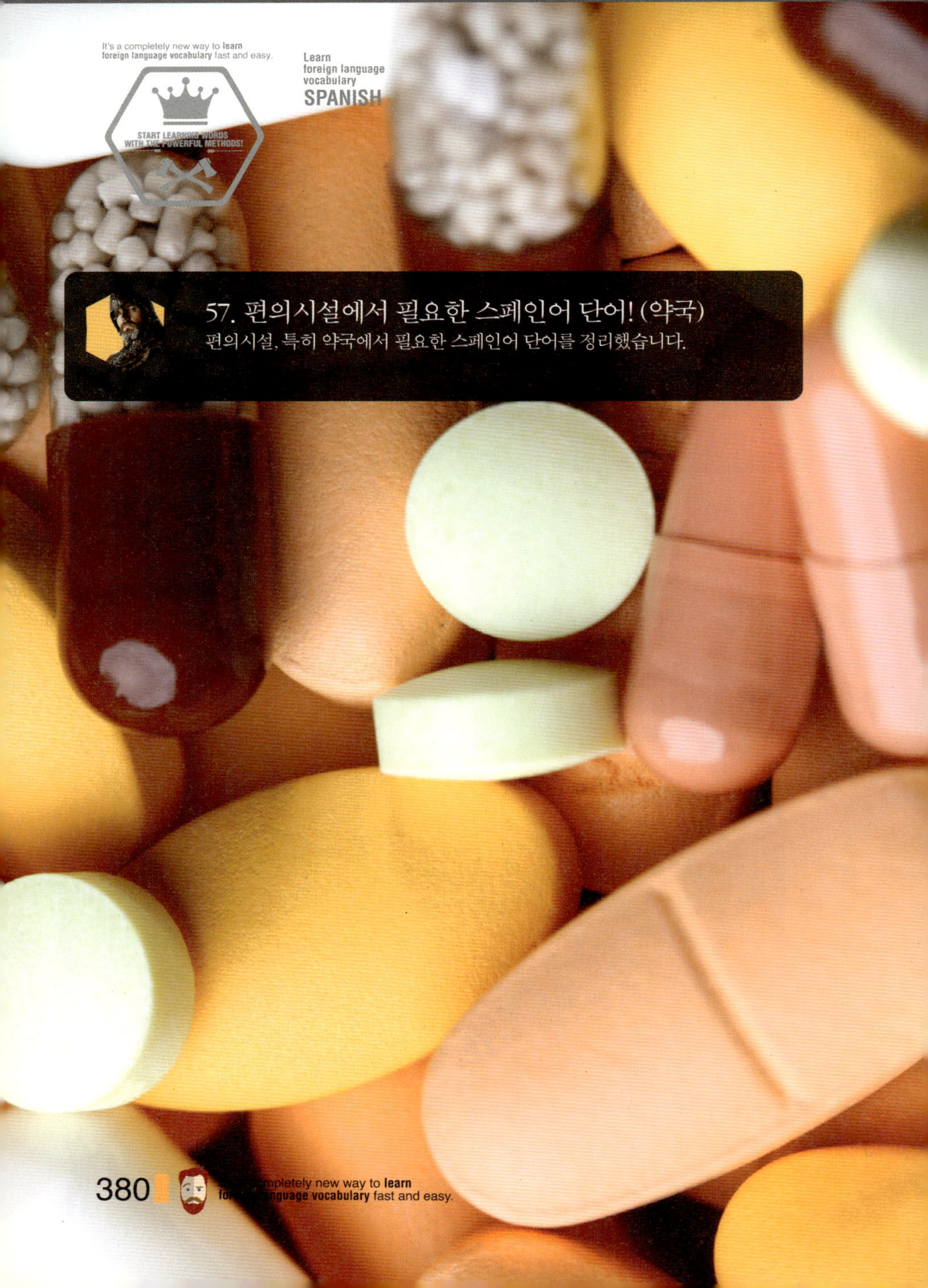

It's a completely new way to learn foreign language vocabulary fast and easy.

START LEARNING WORDS WITH THE POWERFUL METHODS!

THEME

Part 5

It's a completely new way to learn foreign language vocabulary fast and easy.

테마 생활단어

스페인어 테마 생활단어

P5

꼭 필요한 동사 5개!
스페인어 동사는 인칭에 따라 어미를 변화시켜야 합니다.

p5-57-01 **tener**
[떼네르] 가지다 (불규칙동사)

p5-57-02 **sentirse**
[센띠르세] 느끼다 (재귀동사/불규칙동사 **e > ie**)

p5-57-03 **tomar**
[또마르] 먹다/복용하다 (**-ar** 규칙동사)

p5-57-04 **doler**
[돌레르] 아프다 (불규칙동사 **o > ue**)

p5-57-05 **cerrar**
[쎄라르] 닫다 (불규칙동사 **e > ie**)

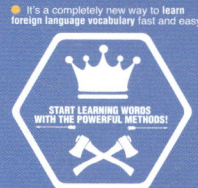

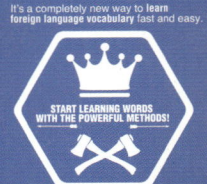

It's a completely new way to **learn foreign language vocabulary** fast and easy.

START LEARNING WORDS WITH THE POWERFUL METHODS!

꼭 필요한 명사 10개!
스페인어 명사는 정관사와 함께 기억해 주십시오.

p5-57-06 **la farmacia**
[파르마씨아] 약국

p5-57-07 **el farmacéutico**
[파르마세우띠꼬] 약사

p5-57-08 **la droga**
[드로가] 약품

p5-57-09 **la medicina**
[메디씨나] 약

p5-57-10 **la pastilla**
[빠스띠야] 알약

p5-57-11 **el polvo**
[뽈보] 가루약

p5-57-12 **la tos**
[또스] 기침

p5-57-13 **la fiebre**
[피에브레] 열

p5-57-14 **el dolor de garganta**
[돌로르 데 가르간따] 인후통

p5-57-15 **el dolor de estómago**
[돌로르 데 에스또마고] 복통

It's a completely new way to learn foreign language vocabulary fast and easy.

START LEARNING WORDS WITH THE POWERFUL METHODS!

THEME

Part 5

It's a completely new way to learn foreign language vocabulary fast and easy.

테마 생활단어

스페인어 테마 생활단어

P5

문장을 완성하는 도우미들!

p5-57-16 **mejor**
[메호르] 더 나은

p5-57-17 **me**
[메] 나 자신을/에게 (재귀대명사)

p5-57-18 **mal**
[말] 나쁜

p5-57-19 **un poco**
[운 뽀꼬] 약간

p5-57-20 **tres veces al día**
[뜨레스 베쎄스 알 디아] 하루에 세 번

단어에서 회화 실력으로!

p5-57-21 **Me duele el estómago.**
[메 두엘레 엘 에스또마고] 배가 아픕니다.

p5-57-22 **Me siento mal un poco.**
[메 시엔또 말 운 뽀꼬] 나는 속이/기분이 약간 좋지 않습니다.

p5-57-23 **Me siento mejor.**
[메 시엔또 메호르] 나는 몸이 더 나아졌다고 느낍니다.

p5-57-24 **Ella tiene fiebre.**
[에야 띠에네 피에브레] 그녀는 열이 있습니다.

p5-57-25 **Tome la medicina tres veces al día.**
[또메 라 메디씨나 뜨레스 베쎄스 알 디아] 약을 하루에 세 번 드세요.

The vocabularies, the most frequently used words will be with you!

You'll get most frequently used vocabularies.

58. 편의시설에서 필요한 스페인어 단어! (영화관)

편의시설, 특히 영화관에서 필요한 스페인어 단어를 정리했습니다.

It's a completely new way to learn foreign language vocabulary fast and easy.

START LEARNING WORDS WITH THE POWERFUL METHODS!

THEME

Part 5

It's a completely new way to learn foreign language vocabulary fast and easy.

TICKET

P5

테마 생활단어

스페인어 테마 생활단어

꼭 필요한 동사 5개!
스페인어 동사는 인칭에 따라 어미를 변화시켜야 합니다.

p5-58-01 **ir**
[이르] 가다 (불규칙동사)

p5-58-02 **estrenarse**
[에스뜨레나르세] 개봉되다 (재귀동사/-ar 규칙동사)

p5-58-03 **costar**
[꼬스따르] 비용이 ~이다 (불규칙동사 o > ue)

p5-58-04 **empezar**
[엠뻬싸르] 시작하다 (불규칙동사 e > ie)

p5-58-05 **gustar**
[구스따르] 좋아하다 (-ar 규칙동사)

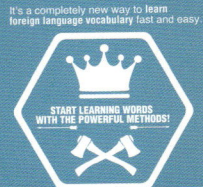

It's a completely new way to learn foreign language vocabulary fast and easy.

START LEARNING WORDS WITH THE POWERFUL METHODS!

꼭 필요한 명사 10개!

스페인어 명사는 정관사와 함께 기억해 주십시오.

p5-58-06 **el cine**
[씨네] 영화관

p5-58-07 **la entrada**
[엔뜨라다] 입장권/티켓

p5-58-08 **la pantalla**
[빤따야] 스크린

p5-58-09 **el asiento**
[아시엔또] 좌석

p5-58-10 **la ventanilla**
[벤따니야] 매표소

p5-58-11 **las películas en cartelera**
[뻴리꿀라스 엔 까르뗄레라] 상영 영화

p5-58-12 **la duración**
[두라씨온] 상영시간

p5-58-13 **la película de ciencia ficción**
[뻴리꿀라 데 씨엔씨아 픽씨온] 공상영화

p5-58-14 **la película en 3D**
[뻴리꿀라 엔 뜨레스 데] 3D영화

p5-58-15 **la película de acción**
[뻴리꿀라 데 악씨온] 액션영화

It's a completely new way to learn foreign language vocabulary fast and easy.

START LEARNING WORDS WITH THE POWERFUL METHODS!

THEME

Part 5

It's a completely new way to learn foreign language vocabulary fast and easy.

TICKET

테마 생활단어

스페인어 테마 생활단어

P5

문장을 완성하는 도우미들!

p5-58-16 **cuáles**
[꾸알레스] 어떤 것들

p5-58-17 **mañana**
[마냐나] 내일

p5-58-18 **qué**
[께] 어떤 (의문형용사)

p5-58-19 **cuánto**
[꾸안또] 얼마나

p5-58-20 **¿a qué hora ~?**
[아 께 오라 ~?] 몇 시에?

단어에서 회화 실력으로!

p5-58-21 **Él va al cine mañana.**
[엘 바 알 씨네 마냐나.] 그는 내일 영화관에 갑니다.

p5-58-22 **¿Cuáles son las películas en cartelera?**
[꾸알레스 손 라스 뻴리꿀라스 엔 까르뗄레라?]
상영 중인 영화는어떤 것들입니까?

p5-58-23 **¿Cuánto cuesta la entrada?**
[꾸안또 꾸에스따 라 엔뜨라다?] 입장권은 얼마입니까?

p5-58-24 **¿A qué hora es la película?**
[아 께 오라 에스 라 뻴리꿀라?] 영화는 몇 시입니까?

p5-58-25 **Me gusta la película de ciencia ficción.**
[메 구스따 라 벨리꿀라 데 씨엔씨아 픽씨온.]
나는 공상 영화를 좋아합니다.

It's a completely new way to learn foreign language vocabulary fast and easy.
START LEARNING WORDS WITH THE POWERFUL METHODS!
Learn foreign language vocabulary
SPANISH

59. 편의시설에서 필요한 스페인어 단어! (콘서트)

편의시설, 특히 콘서트와 관련된 스페인어 단어를 정리했습니다.

It's a completely new way to learn foreign language vocabulary fast and easy.

START LEARNING WORDS WITH THE POWERFUL METHODS!

THEME

Part 5

It's a completely new way to learn foreign language vocabulary fast and easy.

테마 생활단어

스페인어 테마 생활단어

P5

꼭 필요한 동사 5개!
스페인어 동사는 인칭에 따라 어미를 변화시켜야 합니다.

p5-59-01 **escuchar**
[에스꾸차르] 듣다 (-ar 규칙동사)

p5-59-02 **encantar**
[엔깐따르] 매우 좋아하다 (-ar 규칙동사)

p5-59-03 **tocar**
[또까르] 연주하다 (-ar 규칙동사)

p5-59-04 **cantar**
[깐따르] 노래하다 (-ar 규칙동사)

p5-59-05 **practicar**
[쁘락띠까르] 연습하다 (-ar 규칙동사)

The vocabularies, the most frequently used words will be with you!

You'll get most frequently used vocabularies.

It's a completely new way to **learn foreign language vocabulary** fast and easy.

START LEARNING WORDS WITH THE POWERFUL METHODS!

꼭 필요한 명사 10개!

스페인어 명사는 정관사와 함께 기억해 주십시오.

p5-59-06 **el concierto**
[꼰씨에르또] 음악회

p5-59-07 **la música**
[무시까] 음악

p5-59-08 **la ópera**
[오뻬라] 오페라

p5-59-09 **el teatro**
[떼아뜨로] 극장

p5-59-10 **la orquesta**
[오르께스따] 오케스트라

p5-59-11 **el escenario**
[에쎄나리오] 무대

p5-59-12 **el director**
[디렉또르] 지휘자

p5-59-13 **el coro**
[꼬로] 합창단

p5-59-14 **el instrumento**
[인스뜨루멘또] 악기

p5-59-15 **el folleto**
[포예또] 팸플릿

문장을 완성하는 도우미들!

p5-59-16 **de**
[데] ~의

p5-59-17 **qué**
[께] 어떤

p5-59-18 **algún**
[알군] 무엇인가/어떤

단어에서 회화 실력으로!

p5-59-19 **Me encanta escuchar música.**
[메 엔깐따 에스꾸차르 무시까.] 나는 음악 듣는 것을 매우 좋아합니다.

p5-59-20 **¿Te gusta la ópera de Italia?**
[떼 구스따 라 오뻬라 데 이딸리아?] 너 이탈리아의 오페라를 좋아하니?

p5-59-21 **¿Qué música te gusta?**
[께 무시까 떼 구스따?] 너는 어떤 음악을 좋아하니?

p5-59-22 **¿Puedes tocar algún instrumento?**
[뿌에데스 또까르 알군 인스뜨루멘또?] (너) 무언가 악기를 연주할 수 있니?

p5-59-23 **El coro canta en el concierto.**
[엘 꼬로 깐따 엔 엘 꼰씨에르또.] 합창단이 콘서트에서 노래합니다.

It's a completely new way to learn foreign language vocabulary fast and easy.

START LEARNING WORDS WITH THE POWERFUL METHODS!

Learn foreign language vocabulary
SPANISH

60. 편의시설에서 필요한 스페인어 단어! (미술관)

편의시설, 특히 미술관에서 필요한 스페인어 단어를 정리했습니다.

It's a completely new way to learn foreign language vocabulary fast and easy.

START LEARNING WORDS WITH THE POWERFUL METHODS!

THEME

Part 5

It's a completely new way to learn foreign language vocabulary fast and easy.

테마 생활단어

스페인어 테마 생활단어

P5

꼭 필요한 동사 5개!
스페인어 동사는 인칭에 따라 어미를 변화시켜야 합니다.

p5-60-01 **pintar**
[삔따르] 그리다/칠하다 (-ar 규칙동사)

p5-60-02 **exhibir**
[엑스이비르] 전시하다 (-ir 규칙동사)

p5-60-03 **coleccionar**
[꼴렉씨오나르] 수집하다 (-ar 규칙동사)

p5-60-04 **hay**
[아이] ~이 있다 (불규칙동사)

p5-60-05 **visitar**
[비시따르] 방문하다 (-ar 규칙동사)

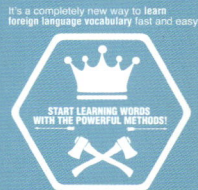

꼭 필요한 명사 10개!

스페인어 명사는 정관사와 함께 기억해 주십시오.

p5-60-06 **el museo** [무세오] 박물관	p5-60-07 **el arte** [아르떼] 예술
p5-60-08 **el museo de arte** [무세오 데 아르떼] 미술관	p5-60-09 **la exposición** [엑스뽀시씨온] 전시
p5-60-10 **el/la artista** [아르띠스따] 남/녀 예술가	p5-60-11 **la galería** [갈레리아] 화랑
p5-60-12 **la pintura** [삔뚜라] 그림	p5-60-13 **el pintor** [삔또르] 남자 화가
p5-60-14 **la escultura** [에스꿀뚜라] 조각	p5-60-15 **el escultor** [에스꿀또르] 남자 조각가

It's a completely new way to learn foreign language vocabulary fast and easy.

START LEARNING WORDS WITH THE POWERFUL METHODS!

THEME

Part 5

It's a completely new way to learn foreign language vocabulary fast and easy.

테마 생활단어

스페인어 테마 생활단어

P5

문장을 완성하는 도우미들!

p5-60-16 **interesante**
[인떼레산떼] 흥미로운

p5-60-17 **muy**
[무이] 매우

p5-60-18 **muchos/-as**
[무초스/차스] 많은

p5-60-19 **su**
[수] 그의/그녀의/당신의

단어에서 회화 실력으로!

p5-60-20 **Hay una exposición muy interesante en el Museo Nacional.**
[아이 우나 엑스뽀시씨온 무이 인떼레산떼 엔 엘 무세오 나씨오날]
국립 박물관에 흥미로운 전시가 있습니다.

p5-60-21 **Visitamos el Museo Nacional de arte.**
[비시따모스 엘 무세오 나씨오날 데 아르떼]
(우리들은) 국립 미술관에 방문합니다.

p5-60-22 **Ella colecciona muchas esculturas.**
[에야 꼴렉씨오나 무차스 에스꿀뚜라스]
그녀는 많은 조각품을 수집합니다.

p5-60-23 **El pintor exhibe sus pinturas.**
[엘 삔또르 엑스이베 수스 삔뚜라스]
화가는 그의 그림들을 전시합니다.

It's a completely new way to learn foreign language vocabulary fast and easy.
START LEARNING WORDS WITH THE POWERFUL METHODS!

Conquer them all!

Learn foreign language vocabulary

부록 1.
핵심문법 간편정리!

부록 2.
주요동사 변화형 정리!

부록 1. 핵심문법 간편정리

1. 스페인어 인칭대명사

스페인어 인칭대명사를 정리해 드리겠습니다.

스페인어 인칭대명사

yo [요] 나	**nosotros/-as** [노소뜨로스/라스] 우리들
tú [뚜] 너	**vosotros/-as** [보소뜨로스/라스] 너희들
él/ella/ud. [엘/에야/우스뗃] 그/그녀/당신	**ellos/ellas/uds.** [에요스/에야스/우스떼데스] 그들/그녀들/당신들

❶ 스페인어는 우리처럼 존대어가 있습니다. **tú** (너)는 친구, 가족과 같은 편안한 사이에 사용하고 **ud.** (당신)은 손윗사람이나 처음 만나는 사람을 대할 때 씁니다.
❷ **nosotros** (우리들)과 **vosotros** (너희들)은 성수를 구분합니다. 우리들, 너희들이 모두 여자인 경우 **-as** 형을 쓰지만, 모두 남자이거나 남자가 한 명이라도 포함되어 있을 경우 **-os** 형을 씁니다.
❸ **usted** 과 **ustedes** 는 각각 **ud.**, **uds.** 로 축약형을 사용할 수 있습니다. 단, 문어체에서만 축약형의 사용이 허용되며 읽을 때는 본래의 발음 [우스뗃], [우스떼데스]로 읽습니다.
❹ 스페인어는 일반적으로 문장에서 인칭대명사 주어를 생략합니다. 동사의 변형을 보면 주어를 바로 예측할 수 있기 때문입니다.

2. 스페인어 ser/estar 동사

스페인어 **be** 동사 **ser** [세르] (~이다)와 **estar** [에스따르] (~있다) 동사를 정리해드립니다.

ser [세르] ~이다

yo soy ~ [요 소이 ~] 나는 ~이다	**nosotros/-as somos ~** [노소뜨로스/라스 소모스 ~] 우리들은 ~이다
tú eres ~ [뚜 에레스 ~] 너는 ~이다	**vosotros/-as sois ~** [보소뜨로스/라스 소이스 ~] 너희들은 ~이다
él/ella/ud. es ~ [엘/에야/우스뗏 에스 ~] 그/그녀/당신은 ~이다	**ellos/ellas/uds. son ~** [에요스/에야스/우스떼데스 손 ~] 그들/그녀들/당신들은 ~이다

estar [에스따르] ~에/~한 상태에 있다

yo estoy ~ [요 에스또이 ~] 나는 ~에 있다	**nosotros/-as estamos ~** [노소뜨로스/라스 에스따모스 ~] 우리들은 ~에 있다
tú estás ~ [뚜 에스따스 ~] 너는 ~에 있다	**vosotros/-as estáis ~** [보소뜨로스/라스 에스따이스 ~] 너희들은 ~에 있다
él/ella/ud. está ~ [엘/에야/우스뗏 에스따 ~] 그/그녀/당신은 ~에 있다	**ellos/ellas/uds. están ~** [에요스/에야스/우스떼데스 에스딴 ~] 그들/그녀들/당신들은 ~에 있다

❶ 스페인어의 **ser** 와 **estar** 동사는 영어의 **be** 동사에 해당합니다.
❷ **ser** (~이다) 동사는 이름, 직업, 국적, 묘사, 가격, 시간 등과 같이 본질적이고 불변적인 특성들을 나타낼 때 쓰입니다.
❸ **estar** (~있다) 동사는 상태, 위치와 같이 일시적이고 가변적인 특성들을 나타낼 때 씁니다.

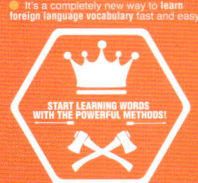

3. 스페인어 **tener** 동사

스페인어 **tener** [떼네르] (~가지고 있다) 동사를 정리해 드리겠습니다.

tener [떼네르] ~가지고 있다

yo tengo ~ [요 뗑고 ~] 나는 ~ 가지고 있다	**nosotros/-as tenemos ~** [노소뜨로스/라스 떼네모스 ~] 우리들은 ~ 가지고 있다
tú tienes ~ [뚜 띠에네스 ~] 너는 ~ 가지고 있다	**vosotros/-as tenéis ~** [보소뜨로스/라스 떼네이스 ~] 너희들은 ~ 가지고 있다
él/ella/ud. tiene ~ [엘/에야/우스뗏 띠에네 ~] 그/그녀/당신은 ~ 가지고 있다	**ellos/ellas/uds. tienen ~** [에요스/에야스/우스떼데스 띠에넨 ~] 그들/그녀들/당신들은 ~ 가지고 있다

❶ 스페인어 **tener** 동사는 영어의 **have** 동사입니다.
❷ **tener** 동사는 1인칭 단수에서는 **-go** 형으로 변화하며,
나머지 인칭에서는 어간의 모음이 변화됩니다. (**e > ie**)
❸ '**tener** 동사 + 명사' 형태의 관용 표현 또한 많이 사용됩니다.
Tengo frío. [뗑고 프리오.] (나는 춥다. : **frío** [프리오] 추위)
Tengo calor. [뗑고 깔로르.] (나는 덥다. : **calor** [깔로르] 더위)

4. 스페인어 hacer 동사

스페인어 **hacer** [아쎄르] (하다/만들다) 동사를 정리해 드리겠습니다.

hacer [아쎄르] 하다/만들다

yo hago ~ [요 아고 ~] 나는 ~하다/만들다	**nosotros/-as hacemos ~** [노소뜨로스/라스 아쎄모스 ~] 우리들은 ~하다/만들다
tú haces ~ [뚜 아쎄스 ~] 너는 ~하다/만들다	**vosotros/-as hacéis ~** [보소뜨로스/라스 아쎄이스 ~] 너희들은 ~하다/만들다
él/ella/ud. hace ~ [엘/에야/우스뗏 아쎄 ~] 그/그녀/당신은 ~ 하다/만들다	**ellos/ellas/uds. hacen ~** [에요스/에야스/우스떼데스 아쎈 ~] 그들/그녀들/당신들은 ~ 하다/만들다

❶ 스페인어 **hacer** 동사는 1인칭 단수(**yo**)에서 **-go** 형으로 변화하는 불규칙 동사입니다.
❷ **hacer** 동사 뒤에 명사를 붙여 '그 행위를 하다', '그 사물을 만들다'로 광범위하게 사용됩니다.
Yo hago un viaje. [요 아고 운 비아헤] (나는 여행을 한다. : **el viaje** [엘 비아헤] 여행)

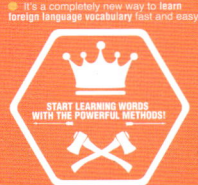

5. 스페인어 동사의 인칭변화

스페인어 동사의 어미 변화규칙을 정리해 드리겠습니다.
스페인어 동사의 어미는 **-ar / -er / -ir** 딱 3가지 형태입니다.

-ar 동사 llamar (부르다)

yo -o 나	**llamo** [야모]	**nosotros/-as -amos** 우리들	**llamamos** [야마모스]
tú -as 너	**llamas** [야마스]	**vosotros/-as -áis** 너희들	**llamáis** [야마이스]
él/ella/ud. -a 그/그녀/당신	**llama** [야마]	**ellos/ellas/uds. -an** 그들/그녀들/당신들	**llaman** [야만]

-er 동사 beber (끝내다)

yo -o 나	**bebo** [베보]	**nosotros/-as -emos** 우리들	**bebemos** [베베모스]
tú -es 너	**bebes** [베베스]	**vosotros/-as -éis** 너희들	**bebéis** [베베이스]
él/ella/ud. -e 그/그녀/당신	**bebe** [베베]	**ellos/ellas/uds. -en** 그들/그녀들/당신들	**beben** [베벤]

부록 1.

It's a completely new way to learn foreign language vocabulary fast and easy.

핵심문법 간편정리

스페인어 핵심문법 간편정리

-ir 동사 **abrir** (끝내다)

yo -o 나	**abro** [아브로]	**nosotros/-as -imos** 우리들	**abrimos** [아브리모스]
tú -es 너	**abres** [아브레스]	**vosotros/-as -ís** 너희들	**abrís** [아브리스]
él/ella/ud. -e 그/그녀/당신	**abre** [아브레]	**ellos/ellas/uds. -en** 그들/그녀들/당신들	**abren** [아브렌]

❶ 스페인어의 모든 동사는 인칭에 따라 어미변화를 합니다.
❷ 스페인어 동사는 '어간+어미'로 되어 있습니다. 어간에는 변화가 없고 어미(**-ar**, **-er**, **-ir**) 부분만 인칭에 따라 변화하는 동사들을 '규칙동사'라 부릅니다.
❸ 스페인어의 동사들은 '규칙동사'와 '불규칙동사'로 나뉩니다.
불규칙 동사 또한 **-ar**/**-er**/**-ir** 의 어미를 갖는 것은 동일하고요.
다만 어미 변화 이외에 추가적 변화가 더 있습니다.
불규칙동사들은 다시 몇 가지의 유형으로 재분류됩니다.
주요 불규칙동사들의 형태는 부록 2. 동사표에서 만나보실 수 있습니다.

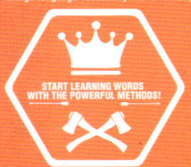

It's a completely new way to **learn foreign language vocabulary** fast and easy.
START LEARNING WORDS WITH THE POWERFUL METHODS!

6. 스페인어 재귀동사

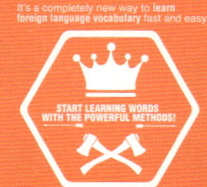

스페인어 재귀동사를 정리해 드리겠습니다.

lavarse [라바르세] 자기 자신을 씻다

me lavo [메 라보] 나는 씻는다	**nos lavamos** [노스 라바모스] 우리들은 씻는다
te lavas [떼 라바스] 너는 씻는다	**os laváis** [오스 라바이스] 너희들은 씻는다
se lava [세 라바] 그/그녀/당신은 씻는다	**se lavan** [세 라반] 그들/그녀들/당신들은 씻는다

❶ 재귀동사는 동사의 행위가 자기 자신에게 돌아오는 동사를 말합니다.
동사가 원형일 때 어미에 재귀대명사 **se** 를 붙여 재귀동사임을 알려줍니다.
❷ 재귀대명사는 인칭에 따라 동사와 함께 변화(**me**, **te**, **se**, **nos**, **os**, **se**)하며,
의미는 '~가 ~자신을' 또는 '~가 ~자신에게'로 해석합니다.
❸ 재귀대명사의 위치는 변형 동사인 경우 동사 앞에, 조동사와 함께 동사가 원형으로 쓰인 경우 동사의 어미 바로 뒤, 또는 조동사 앞에 놓습니다.
Me lavo las manos. [메 라보 라스 마노스.] (나는 손을 씻습니다.)
Quiero lavarme las manos. [끼에로 라바르메 라스 마노스.] (나는 손을 씻고 싶습니다.) 또는
Me quiero lavar las manos. [메 끼에로 라바르 라스 마노스.]

7. 스페인어 정관사

스페인어 정관사를 정리해 드리겠습니다.

스페인어 정관사

	남성	여성
단수	**el**	**la**
복수	**los**	**las**

❶ 스페인어 정관사는 명사 앞에서 명사의 성과 수를 알려줍니다.
스페인어 정관사는 4가지가 있습니다. (남성/여성 단수, 남성/여성 복수)
❷ 스페인어 정관사의 쓰임은 전반적으로 영어의 **the** 와 비슷합니다.
특정명사를 지칭하기 위해 쓰이거나 대상을 총칭하는 의미로 명사 앞에 붙습니다.
❸ 남성 단수 정관사 **el** 이 전치사 **a** 또는 **de** 와 만나면 축약형을 써줍니다.
a + el > al , de + el > del

8. 스페인어 부정관사

스페인어 부정관사 4가지를 정리해 드리겠습니다.

스페인어 부정관사

	남성	여성
단수	**un**	**una**
복수	**unos**	**unas**

❶ 부정관사 또한 정관사와 마찬가지로 남성/여성 단수, 남성/여성 복수 4가지가 있습니다.
❷ 스페인어의 부정관사는 불특정한 내용의 명사 앞에 사용합니다.
'어떤' 또는 '하나의'의 뜻으로 영어의 **a (an)** 에 해당합니다.
❸ 영어의 부정관사 **a (an)** 은 단수명사 앞에서만 사용되지만,
스페인어의 부정관사는 복수형태가 존재합니다. 해석은 '몇몇의 ~' (**some**)과 같이 해줍니다.

9. 스페인어 소유형용사

스페인어 소유형용사를 정리해 드리겠습니다.

스페인어 소유형용사

나의	**mi(s)** [미(스)]	우리의	**nuestro(s)/-a(s)** [누에스뜨로(스)/-라(스)]
너의	**tu(s)** [뚜(스)]	너희/당신의	**vuestro(s)/-a(s)** [부에스뜨로(스)/-라(스)]
그/그녀/당신의	**su(s)** [수(스)]	그/그녀/당신들의	**su(s)** [수(스)]

❶ 스페인어의 소유형용사는 명사의 앞에 놓이고 이때 관사는 쓰지 않습니다.
❷ 스페인어의 소유형용사는 수식하는 명사의 성과 수에 일치해야 합니다.
1, 2인칭 복수형을 제외한 나머지 인칭은 남녀 형태가 같습니다.
mi amigo [미 아미고] (내 친구), **mis amigos** [미스 아미고스] (내 친구들),
nuestra casa [누에스뜨라 까사] (우리들의 집), **nuestras casas** [누에스뜨라스 까사스] (우리들의 집들)
❸ **su** 는 3인칭 단/복수를 모두 담당합니다. 정확한 소유주를 나타내기 위해서는 '**de** + 인칭대명사'의 형태를 사용할 수 있습니다.
la casa de ellos [라 까사 데 에요스] (그들의 집), **la casa de ellas** [라 까사 데 에야스] (그녀들의 집)

10. 스페인어 목적격인칭대명사

스페인어 목적격인칭대명사를 정리해 드리겠습니다.

스페인어 목적격인칭대명사

직접목적격대명사		간접목적격대명사	
나를	**me**	나에게	**me**
너를	**te**	너에게	**te**
그/그녀/당신/그것을	**lo/la**	그/그녀/당신/그것에게	**le**
우리를	**nos**	우리에게	**nos**
너희들/당신을	**os**	너희들/당신에게	**os**
그들/그녀들/당신들을/그것들을	**los/las**	그들/그녀들/당신들/그것들에게	**les**

❶ 스페인 일부 지역에서는 3인칭단수 직접목적격대명사 **lo** [로] (그를) 대신에 **le** [레]를 쓰기도 합니다.
❷ 3인칭 단수/복수 목적격대명사가 누구를 지칭하는지 명확히 밝히기 위해 '**a** + 인칭대명사'의 형태로 '중복형'을 쓰기도 합니다. **Yo le regalo una rosa a ella.** [요 레 레갈로 우나 로사 아 에야.] (나는 그녀에게 장미 한 송이를 선물합니다.)
❸ 목적격 인칭대명사의 위치는 변형동사일 때 동사 앞, 조동사와 함께 원형동사로 쓰였을 경우 동사어미 바로 뒤에 붙여주거나 조동사 앞에 위치합니다.
Te doy un regalo. [떼 도이 운 레갈로.] (나는 너에게 선물을 준다.)
Te quiero dar un regalo. [떼 끼에로 다르 운 레갈로.] (나는 너에게 선물을 주고 싶다.) 또는
Quiero darte un regalo. [끼에로 다르떼 운 레갈로.] (나는 너에게 선물을 주고 싶다.)

부록 2. 주요동사 변화형 정리

❶ 규칙동사

-ar 형

hablar
[아블라르] 말하다

yo hablo
tú hablas
él/ella/ud. habla
nosotros/-as hablamos
vosotros/-as habláis
ellos/ellas/uds. hablan

comprar
[꼼쁘라르] 사다

yo compro
tú compras
él/ella/ud. compra
nosotros/-as compramos
vosotros/-as compráis
ellos/ellas/uds. compran

amar
[아마르] 사랑하다

yo amo
tú amas
él/ella/ud. ama
nosotros/-as amamos
vosotros/-as amáis
ellos/ellas/uds. aman

gustar
[구스따르] 좋아하다

yo gusto
tú gustas
él/ella/ud. gusta
nosotros/-as gustamos
vosotros/-as gustáis
ellos/ellas/uds. gustan

-er 형

comer
[꼬메르] 먹다

yo como
tú comes
él/ella/ud. come
nosotros/-as comemos
vosotros/-as coméis
ellos/ellas/uds. comen

aprender
[아쁘렌데르] 배우다

yo aprendo
tú aprendes
él/ella/ud. aprende
nosotros/-as aprendemos
vosotros/-as aprendéis
ellos/ellas/uds. aprenden

beber
[베베르] 마시다

yo	**bebo**
tú	**bebes**
él/ella/ud.	**bebe**
nosotros/-as	**bebemos**
vosotros/-as	**bebéis**
ellos/ellas/uds.	**beben**

leer
[레르] 읽다

yo	**leo**
tú	**lees**
él/ella/ud.	**lee**
nosotros/-as	**leemos**
vosotros/-as	**leéis**
ellos/ellas/uds.	**leen**

-ir 형

vivir
[비비르] 살다

yo	**vivo**
tú	**vives**
él/ella/ud.	**vive**
nosotros/-as	**vivimos**
vosotros/-as	**vivís**
ellos/ellas/uds.	**viven**

recibir
[레씨비르] 받다

yo	**recibo**
tú	**recibes**
él/ella/ud.	**recibe**
nosotros/-as	**recibimos**
vosotros/-as	**recibís**
ellos/ellas/uds.	**reciben**

abrir
[아브리르] 열다

yo	**abro**
tú	**abres**
él/ella/ud.	**abre**
nosotros/-as	**abrimos**
vosotros/-as	**abrís**
ellos/ellas/uds.	**abren**

escribir
[에스끄리비르] 쓰다

yo	**escribo**
tú	**escribes**
él/ella/ud.	**escribe**
nosotros/-as	**escribimos**
vosotros/-as	**escribís**
ellos/ellas/uds.	**escriben**

❷ 불규칙동사

1) 어간모음 변화패턴

e > ie

querer
[께레르] 좋아하다/원하다

yo quiero
tú quieres
él/ella/ud. quiere
nosotros/-as queremos
vosotros/-as queréis
ellos/ellas/uds. quieren

entender
[엔뗀데르] 이해하다

yo entiendo
tú entiendes
él/ella/ud. entiende
nosotros/-as entendemos
vosotros/-as entendéis
ellos/ellas/uds. entienden

o > ue

poder
[뽀데르] 할 수 있다

yo puedo
tú puedes
él/ella/ud. puede
nosotros/-as podemos
vosotros/-as podéis
ellos/ellas/uds. pueden

dormir
[도르이르] 자다

yo duermo
tú duermes
él/ella/ud. duerme
nosotros/-as dormimos
vosotros/-as dormís
ellos/ellas/uds. duermen

e > i

servir
[세르비르] 서빙하다/쓸모 있다

yo sirvo
tú sirves
él/ella/ud. sirve
nosotros/-as servimos
vosotros/-as servís
ellos/ellas/uds. sirven

u > ue

jugar
[후가르] 스포츠하다/게임하다

yo juego
tú juegas
él/ella/ud. juega
nosotros/-as jugamos
vosotros/-as jugáis
ellos/ellas/uds. juegan

2) 1인칭단수(**yo**) 불규칙 변화패턴

ver
[베르] 보다

yo	veo
tú	ves
él/ella/ud.	ve
nosotros/-as	vemos
vosotros/-as	veis
ellos/ellas/uds.	ven

saber
[사베르] 알다

yo	sé
tú	sabes
él/ella/ud.	sabe
nosotros/-as	sabemos
vosotros/-as	sabéis
ellos/ellas/uds.	saben

traer
[뜨라에르] 가져오다

yo	traigo
tú	traes
él/ella/ud.	trae
nosotros/-as	traemos
vosotros/-as	traéis
ellos/ellas/uds.	traen

salir
[살리르] 나가다

yo	salgo
tú	sales
él/ella/ud.	sale
nosotros/-as	salimos
vosotros/-as	salís
ellos/ellas/uds.	salen

poner
[뽀네르] 놓다/넣다

yo	pongo
tú	pones
él/ella/ud.	pone
nosotros/-as	ponemos
vosotros/-as	ponéis
ellos/ellas/uds.	ponen

hacer
[아쎄르] ~하다/만들다

yo	hago
tú	haces
él/ella/ud.	hace
nosotros/-as	hacemos
vosotros/-as	hacéis
ellos/ellas/uds.	hacen

3) 완전불규칙 변화패턴

ser
[세르] ~이다

yo soy
tú eres
él/ella/ud. es
nosotros/-as somos
vosotros/-as sois
ellos/ellas/uds. son

estar
[에스따르] ~한 상태에/~에 있다

yo estoy
tú estás
él/ella/ud. está
nosotros/-as estamos
vosotros/-as estáis
ellos/ellas/uds. están

ir
[이르] 가다

yo voy
tú vas
él/ella/ud. va
nosotros/-as vamos
vosotros/-as vais
ellos/ellas/uds. van

dar
[다르] 주다

yo doy
tú das
él/ella/ud. da
nosotros/-as damos
vosotros/-as dais
ellos/ellas/uds. dan

tener
[떼네르] 가지다

yo tengo
tú tienes
él/ella/ud. tiene
nosotros/-as tenemos
vosotros/-as tenéis
ellos/ellas/uds. tienen

haber (hay)
[아베르] 있다/가지다

yo he
tú has
él/ella/ud. ha (hay)
nosotros/-as hemos
vosotros/-as habéis
ellos/ellas/uds. han

* '~가 있다'의 의미로 사용될 때
3인칭단수 **ha** 는 **hay** 의 형태로 변화됨.

It's a completely new way to **learn foreign language vocabulary** fast and easy.

Conquer them all!

It's a completely new way to learn foreign language vocabulary fast and easy.

국가대표 외국어 단어정복자
MP3 파일자료 무료다운로드 방법!

www. webhard.co.kr 에서
아이디 **bookersbergen**
비번 **9999** 로 **로그인**

단어정복자 폴더
(폴더 비번 9999) 안에
MP3 파일자료가 준비되어 있습니다.